Seven Codes

経営者が貫く成功の原則

取材・文　森山葉月

左右社

はじめに

成功する企業のトップとはどんな人なのか？　その本質を探るべく、若くして成功した創業者、グローバル企業の日本法人の代表、老舗企業の社長など、今の時代を代表する経営者15人にたっぷりと話を聞き、一冊の本にまとめました。およそ1年にわたる制作期間をかけて、一人あたり数時間に及ぶロングインタビューを行いました。ビジネスの話はもちろん、子ども時代のことや今の職業を選んだ理由、趣味やリラックス方法まで、その内容は多岐に渡り、語りが深まるにつれ、徐々に根底にある哲学が浮かび上がってきました。

彼らが語っているのは、華々しい成功の記憶だけではありません。業績が悪化した時期や手痛い失敗なども、率直に振りかえってもらっています。資金繰りの苦しさに体重が30キロ台まで落ちた人や、借金を抱えてヤクザに監禁された人、リストラをする苦しみを味わった人……中には想像を絶するような体験談もあり、話を聞くにつれ、成功者＝強者という思い込みがどんどん崩れていきました。

それから、全員に共通しているのは、全身で仕事に熱中していることです。自分の事業を実に楽しそうに語り、次は何をしようかとワクワクしながらひたすら前に駒を進める姿勢にはハッとさせられるものがあります。一人一人のライフストーリーは、どれも違った色の魅力を放っており、私自身も取材のたびにその面白さと熱にあてられ、取材後は毎回クールダウンしないと帰れないほどでした。読み進めれば、15人それぞれが積み上げてきた経験の重みがそのまま言葉の重みにつながっていることを感じていただけることでしょう。

本書は、インタビューの内容に合わせて4章に分かれています。波瀾万丈な人生経験から独自の考えを見つけ出した人たちの「激動」、若くして新進気鋭の創業者となった人たちの「挑戦」、最先端の研究や技術を駆使して社会につなげている人たちの「還元」、グローバル企業の日本法人や老舗企業を引き継ぎ組織自体を刷新している人たちの「継承」です。

これから社会に出る人、今の仕事に迷いがある人、起業を考えている未来のリーダー、企業の管理職、そして経営者。誰にとっても、先が見えない今の世の中で、15人の言葉が行く手を照らす光となってくれるに違いありません。

森山 葉月

挑戦

新進気鋭の先駆者たちが確立したあたらしい哲学

還元

最先端の研究や技術を社会とつなぐ仕組みをつくる哲学

継承 築きあげられた組織を時代に合わせて刷新していく哲学

激動

波瀾万丈な人生経験から
培ってきた独自の哲学

新しいことを始めたいなら失敗を想定するな

KLab株式会社創業者／取締役会長　真田哲弥

真田哲弥　Tetsuya Sanada
KLab取締役会長、BLOCKSMITH&Co.代表取締役社長。1964年大阪府生まれ。学生時代から複数の会社を起業し、2000年にKLab設立。2019年、代表取締役社長を退任し取締役会長に。2022年、子会社BLOCKSMITH&Co.を立ち上げ、社長に就任。

1964年　大阪府のサラリーマン家庭に生まれる
1988年　関西学院大学在学中に設立した会社を退社
1989年　ダイヤル・キュー・ネットワークを設立
1998年　サイバード設立
2000年　KLaboratory（現在のKLab）設立
2012年　KLab東証一部上場
2019年　代表取締役社長を退任、取締役会長に就任
2022年　子会社BLOCKSMITH&Co.設立

1　起業をゴールにしない

大阪のサラリーマン家庭に生まれた僕は、何か大きなことをしてみたいという気持ちを幼いうちから持っていました。

影響を受けたものの一つが、小学5、6年生の頃にNHKで放送されていた連続人形劇[★1]『真田十勇士』です。大徳川家に小さい真田家がゲリラ戦で挑んでいくというストーリーで、親からは「この真田がおまえのご先祖様だからね」と言われ、小学校でのあだ名も十勇士でした。小さい組織で大きなものに立ち向かっていくところが、チームとしてかっこいいなと思っていたんです。

中学、高校の時はたくさんの本を読み、中でも司馬遼太郎さんの歴史小説が好きでした。『竜馬がゆく』は10回くらい読み返しましたね。坂本龍馬に憧れて、高校時代に土佐に一人旅をしたほどです。

★1　1975年4月7日から1977年3月25日までNHK総合テレビジョンで放送された人形劇。真田十勇士（さなだじゅうゆうし）は、戦国時代末期から江戸時代初期にかけての武将で、講談で親しまれた真田幸村に仕えたとされる10人の家臣からなるキャラクターを指す。

最近の大学生は、起業を目標やゴールにしていて、そのためにビジネスのネタを探す人が多いのですが、それは順番が逆だと思います。僕の場合、最初に起業したのは関西学院大学の学生の時です。でも、起業がしたかったんじゃなくて、自分のアイデアを実行してみたくて動いていたら、結果的に起業することになっただけでした。

自動車運転免許の講習を受けながら、同時にスキーができたらいいんじゃないかと思って、運転免許合宿とスキーをセットにした学生ツアーの斡旋業を始めたんです。龍馬みたいな大きなことがしたかったので、社名は株式会社リョーマにしました。数字を改善して経営効率を上げていく手法をとったところ、2年で売上5億円に成長。次に始めたフリーペーパーの事業も順調でした。経営の基礎は誰にも習わずに、試行錯誤しながら自分で身につけていきました。

ところが、仕事は毎日同じことのくり返しで、若かった僕は次第に飽きてくる。他にもいろいろな事業をやってみたい気持ちが出てきてしまい、会社を守ろうとするナンバー2の西山裕之専務（現在はGMOインターネットグループ取締役）と方向性が合わず……。その結果、僕が降りることになりました。

実は僕が社員の離反を招いて辞めざるを得なくなった面もあるんです。今では少し角が取れましたが、当時は良くも悪くもカミソリのようだと言われていました。人が何を言おうとしているか先回りしてわかってしまうので、最後まで聞かずに、相手がまだ話している最中に「それはダメ」と否定するような嫌なヤツでした。

最終的に自分が退社することになり、経営者が人としてどうあるべきかを考えさせられた経験でした。

2　勘の働く人間と親交を持つ

結局、1988年3月に会社を辞めて、大学も中退して東京に行くことにしました。ある時、NTTが電話回線を使った新しい情報サービスを始めるらしいという情報を知人から聞きました。興味をもった僕は、アメリカで流行っていた同様のダイヤル900番サービスなどを調べ上げ、翌年9月に情報提供サービス会社、ダイヤル・キュー・ネットワークを立ち上げました。まだ電話が有線だった時代です。NTTのダイヤルQ2★2を使った第1号のサービスでした。

アイデアの種を探すための情報収集は、今も変わらずしています。毎日30分から1時間はネットのニュースやメールマガジンを見て、あふれる情報の中から、「これだ!」と思うものを見つけるフィルター能力、選ぶセンスには自信があります。

コツは、自分だけの感性で、勝手に情報にフィルターをかけないこと。運のいいことに、僕の周りにはフィルター能力の高い知人が何人もいたんです。どれだけインターネットが発達しようが、AIが進化しようが、やはり最後は人間の勘なんですよ。だから、その勘が働く人間と親交を持てるかどうかが重要になります。

IT企業はアメリカでは西海岸に集まり、日本でも六本木から渋谷に

★2 NTT東日本、西日本が1989年から2014年に提供したサービス。「0990」で始まる番号に電話をかけると、有料で情報を利用できる。

かけての狭い界隈に集中しているのはなぜだと思いますか？　それは、勘が働く者同士がオフラインで顔を突き合わせ、酒を飲みながら、「これ、どう思う？」「これ、行けるよね？」と意見交換することに大きな価値があるからです。一軒の小さな飲み屋で話されたことが、日本や世界の主流になっていくことがよくあるんです。

勉強会に呼ばれて行くとよく、「キーマンと知り合うにはどうすればいいですか？」と質問されます。その答えはたった一つで、自分がキーマンになることです。自分がキーマンになれば、向こうから名刺を持ってやってきます。発想がユニークな人、情報が早い人、持論がある人は、互いにひかれ合うんですね。一緒に飲んでいて面白いですから。不思議なことに、僕が学生時代から付き合っていた人たちの多くが今では社長や会長になり、インターネット業界の大物になっています。みんな当時から圧倒的に面白かったんですよね。すげえな、と思う人と付き合うのは楽しいですよ。

3 アイデアは知識から生まれる

もう一つ、勉強会や大学の授業でよく質問されるのが、「その年齢で、どうしてそんなにアイデアを出せるのか」ということです。実際、ブレストをしても20代の人よりも50代の僕のほうがたくさんのアイデアを出します。それができる理由は、人と会ったら必ず、アイデアというお土産を持って帰ってもらうように普段から心がけているからです。「それは、こういうことですよね」とか、「僕だったら、こうするかもしれないですね」と、自分の考えをしゃべるんです。

毎日人と会いますから、これがすごいトレーニングになるんですよ。同時に、相手からは面白い人だな、と思ってもらえます。事前にアイデアを用意しておくわけではなく、その場で考えるので、1時間一本勝負です。半ば趣味みたいなものですけど、楽しいし、盛り上がれますしね。これを、大学生の頃からずっとやり続けています。

アイデアはゼロから生まれることはないんですよ。アイデアの父は知識です。まず、そのテーマの周辺を徹底的に調べること。基礎知識を身につけていない人が出すアイデアは使えません。最低でも業界のことを知っておく必要があります。手っ取り早いのは、その業界の人と会うことです。最前線にいる人と話すと、今どんな状況なのか、興味深い話が聞けて勉強になります。別々の業界の人が同じ課題を挙げていたら、こんな解決策があるんじゃないか、というアイデアが生まれます。

4　経営陣に経験値がある大人を入れる

ダイヤル・キュー・ネットワークは、2年目で年商40億円になりました。ところが、NTTが偽造テレホンカード問題に対処するため、公衆電話からダイヤルQ2へのアクセスをある日突然、遮断したんです。僕らの会社は売上の4割を公衆電話のユーザーから得ていたため、あっという間に破綻しました。

今振り返ると、経営陣にビジネス経験のある大人を入れるべきだったと反省しています。ダイヤル・キュー・ネットワークの経営陣は先ほどのリョーマを一緒に始めた西山と、自分より3つ年下の東京大学の女子学生だけ。みんな学生仲間でした。僕の積極策が当たりまくったから急成長しましたが、「北海道の次は九州に行くぞ！」みたいな学生ノリでやっていたので、立ち止まって慎重に考える人がいませんでした。今の時代は、ベンチャー・キャピタルの資本を入れて、取締役になってもらって意見を聞くというような、大人が入る仕組みができていますが、当時の僕らは大人の知り合いもいないし、大人を誘っても入ってくれるわけがないから難しかったんです。

会社が潰れて十数億円の借金を負い、返済に追われていた8年間は相当つらかったですね。底辺をはいずり回り、暴力団に2回監禁されました。バブルがはじけて不動産会社や証券会社が倒産していく時代でした。銀行を回って、「1億円は返済できないけど100万円なら払える。

僕が自己破産して1円も取れないのと100万円とどちらがいいですか」と交渉するんです。嫌だと言われたら、「わかりました、では今から裁判所に行って自己破産します」と言うと、「まあまあ、落ち着いて。では1000万円でどうか」「いや無理です」「ならば500万円では」という話になっていくわけです。いつも胸ポケットに自己破産の申請書を入れていました。

8年がかりで交渉して、借金の大半を減免してもらい、その金額を返済しました。じっとしていても返せないから、携帯電話販売、駐車場経営など、いろいろなビジネスを立ち上げて、半年ぐらいで会社を売却して返済に充てました。

生活はもうガラッと変わりましたね。1億円の借金を取り立てに来るのは、初めは紺色のスーツにネクタイを締めた銀行員です。それを1000万円に減らしてもらうと、銀行はその債権を売却するので、全然知らない人が取り立てに来るんですよ。返済して金額が小さくなっていくと、またその債権が売られていくので、今度は派手なスーツの人になり、最後はヤクザみたいな人たちがどんどんやってきて、「おら、返さんかい！」とすごんでくる。

これは一度仕切り直さないといけないと思い、カミさんを連れて夜逃げしました。深夜にレンタカーを借りて小さなマンションに引っ越したんです。それからは家に帰るときも100メートル歩いたらサッと角に隠れて後をつけられていないか確認する。わざと遠回りして5分の道のりを15分かけて帰る、という生活が始まりました。でも、1カ月もたたないうちに見つかっちゃって監禁されました。何とか無事に帰ってこられましたが。彼らも聞き込みをするらしくて、レンタカーから足がついたようです。

会社が潰れた瞬間から、それまでの経営者仲間とは音信不通になりました。迷惑をかけたくないから会えないということもありました。友だちはサッと引いていきましたね。こっちから会いたいと連絡しても返事もくれなくなりました。

5　人より早く動く

僕が8年間も地べたをはいずり回っている間に世の中は大きく変わり、まさにインターネットの時代が到来しようとしていました。僕はインターネットで再起する決意をし、インターネットの勉強を始めました。本を何冊も読んだけれど、どれもピンとこない。これは飛び込むしかないと思い、1997年にインターネットブラウザーの開発をしていたアクセス（現Access）という小さなスタートアップを見つけ出し、そこに就職しました。33歳にして人生初めての就職です。そこで、一からインターネット技術を勉強したことが、その後の僕の人生を変えました。

自分の元部下や友だちだった人が次々と起業して成功しているのを見て、俺だけくすぶっているわけにはいかん、あいつらにできるなら俺にもできる、という思いが僕を駆り立てたんだと思います。

アクセスは、NTTドコモにｉモード[★3]の技術を売り込むことに成功

★3　NTTドコモが1999年に始めた、携帯電話向けのインターネット接続サービス。電子メールの送受信、ウェブページの閲覧などができる。

しました。その時、自分はｉモードのコンテンツ側をやろうと思ったんです。モバイルの時代の到来を確信していたし、ソフトウェアよりもコンテンツのビジネスが大きくなると思ったんです。

それで、翌年にアクセスを退社してサイバードを共同創業しました。モバイルに特化したコンテンツ提供会社は、世界のどこにも存在していませんでした。ダイヤルQ2のときも第1号でしたが、ｉモードのときも圧倒的に早い1番目のコンテンツ提供会社になりました。僕は人より動き出しが早いのが特徴で、これが成功要因だと思っています。最初に飛び込むファーストペンギンです。資金のないベンチャーが成功するために必要なことは、人より早く動くことです。

起業したい人には、考えているよりも動け、と言いたいですね。動かないことには何も始まらない。とにかく興味を持ったら人に会いに行く。そしてまた次の人を紹介してもらう。あとは調べる、ドキュメントにまとめる。考えてばかりで頭でっかちな人が多いんですよ。

6 何もないところに自分で足跡をつけるほうが楽しい

2000年、36歳の時に、携帯電話向けソフトウェアを開発する会社★4（現在のKLab）を立ち上げました。これからは手のひらに乗るコンピュータの時代が来るという僕のビジョンに共鳴して、優秀なエンジニアが集まってきました。ソフトウェアの受託開発事業が伸び、創業から3、4年で売上は20億円に達しました。ただ、iPhoneが普及するのは2007年からですから、少し早すぎて、そこからは伸び悩みの時期が続きます。規模を拡大するとうまくいかなくなるジレンマにも直面しました。少数精鋭のときはいいんですけど、天才じゃない普通の人も採用して受注量を増やそうとすると、レベルが低下してトラブルが起こり、トラブルシューティングで赤字が生まれて利益が増えないんです。

そんな中、アメリカでソーシャルゲームと呼ばれる新しい動きが起こり始めていることを知り、アメリカへ現地視察に行き、急遽参入するこ

★4　KLabは、モバイルオンラインゲームの配信をメイン事業としている。2000年に携帯電話のシステムやアプリケーションの開発会社としてスタート。2009年からモバイルゲーム市場に参入し、現在はスマホアプリのオンラインゲームを中心に事業を展開している。『キャプテン翼』や『BLEACH』など、アニメや漫画をモチーフにしたゲームが人気で、中国、アメリカをはじめ150以上の国と地域にゲームを配信し、売上の約4割を海外事業が占めている。

とにしました。何社か同時に参入した会社もありますが、日本のソーシャルゲーム第一号となりました。

それまでのKLabは携帯電話のソフトウェアの受託開発で収益を上げていましたが、その受注を抑えて、開発ラインをゲームに転用する判断をしたわけです。受託開発でそれなりの収益があったKLabにとっては、ある意味でバクチでした。

ところが、1本目のゲームから大当たりしました。その後のゲームも次々とヒットを飛ばし、ゲーム事業は売上300億円を超える規模まで伸びました。

しかし、日本では成功したものの、初期の海外進出は失敗に終わったんです。アメリカにオフィスを構え、僕が先頭に立って、欧米向けのゲームを作りましたが、全く売れませんでした。欧米人の好みに合うゲームを作ることができなかったんです。当時、「次は世界に行くぞ！」というムードが業界に蔓延していて、シリコンバレーにオフィスを出してグローバルで成功するのは日本のＩＴ系経営者の夢でした。僕らも、夢が先行してしまい、冷静に海外市場の分析ができていなかったんです。

この失敗で、自分がゲームのことを何もわかっていないと、今更のように気づきました。僕自身はゲーマーじゃないし、ゲームはビジネスの一つの手段にすぎなかったんです。やはりゲーム事業はゲームを愛して理解している人がやるべきだと思い、２０１９年に森田英克に社長を任せて自分は会長になりました。

ソーシャルゲームへの参入から10年以上経過した２０２２年に、BLOCKSMITH&Co.という子会社を設立し、再び社長に就任しました。ブロックチェーン[★5]とＡＩを活用した新しいサービスを作ろうとしています。まだ世界にない新しいサービスの創造を目指しています。

今、改めて思うのは、誰かの足跡をたどっていくと安全なんですけど、そこにワクワクドキドキはないということです。それよりも、目の前に何にもないところに自分で考えながら足跡をつけていくほうが興奮するし、日々が楽しいいんですよね。

★5　情報通信ネットワーク上の端末同士を直接接続し、暗号技術を用いて取引履歴を分散的に処理・記録するデータベースの一種。仮想通貨の基盤技術。

7 根拠のない自信を持つ

振り返れば、これまでの人生で、大きな成功やどん底に落ちる失敗を幾度となく経験してきました。それでも僕は、何か新しいことを始めるとき、失敗することを想定していないんです。それは僕の悪い癖でもあり、いいところでもあります。起業するのに必要なのは根拠のない自信です。起業しようと思ってもできない人は、こうかもしれない、ああかもしれないと不安に駆られて動けなくなってしまう。起業すると事業のダメなところがたくさん見つかります。沈みかける舟にパッチを当てて全力で修理し、目標を修正しながら、体力が続く限り漕ぎ続ける。すると入口が見えてきます。

僕は失敗を想定しないことでスタートが切れたし、思い切って事業を進めることができました。ただ、僕が推奨するのは、一人で考えるのではなく、アクセルを踏む人の横にブレーキを踏む人を置くことです。一人で考えていると、迷ってアクセルもブレーキも踏めなくなり、動くタイミングが一瞬遅れるんですよ。

真田哲弥の経営哲学7箇条

1 起業をゴールにしない
2 勘の働く人間と親交を持つ
3 アイデアは知識から生まれる
4 経営陣に経験値がある大人を入れる
5 人より早く動く
6 何もないところに自分で足跡をつけるほうが楽しい
7 根拠のない自信を持つ

人生の幸福曲線

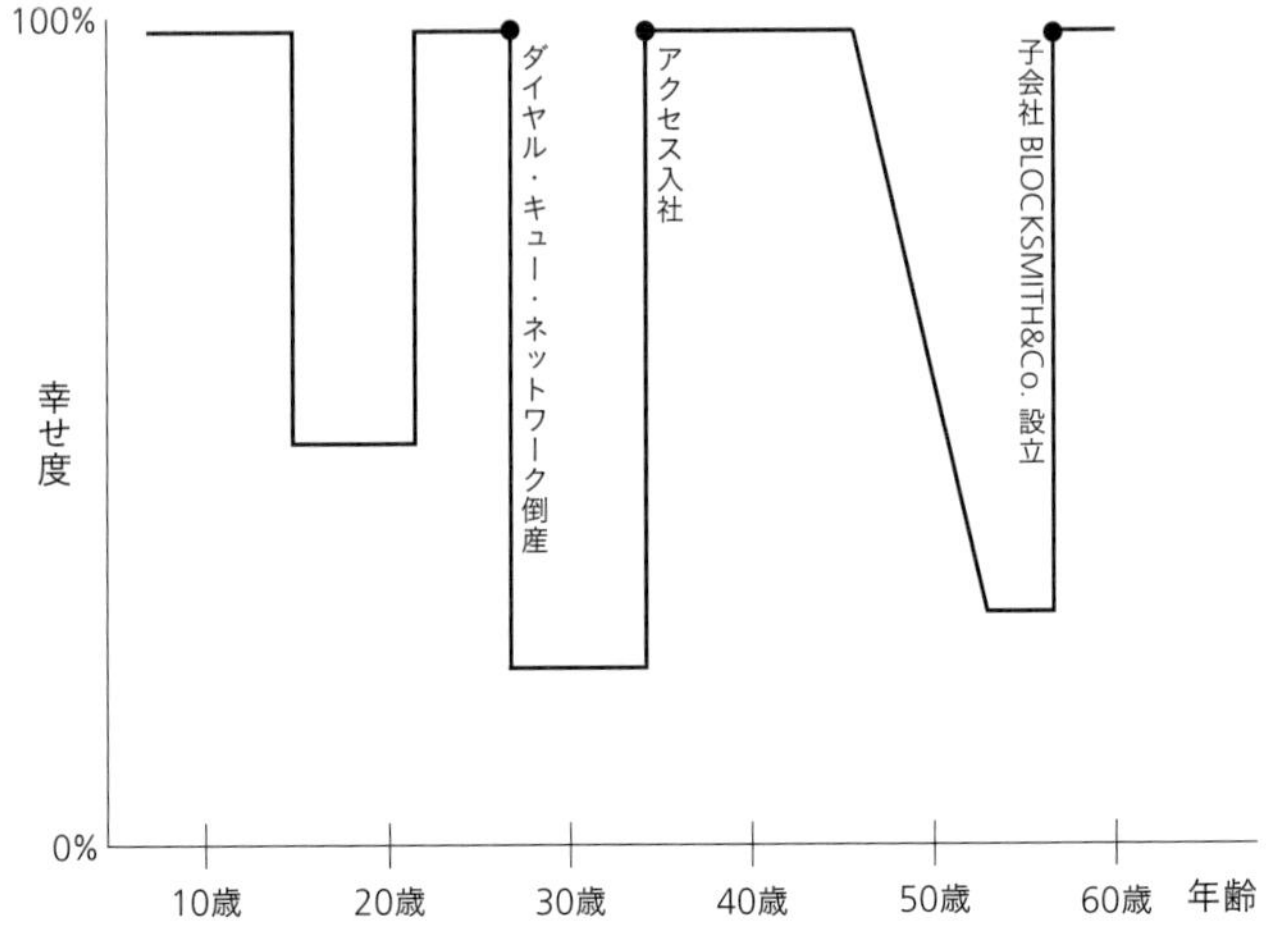

人生の収入曲線

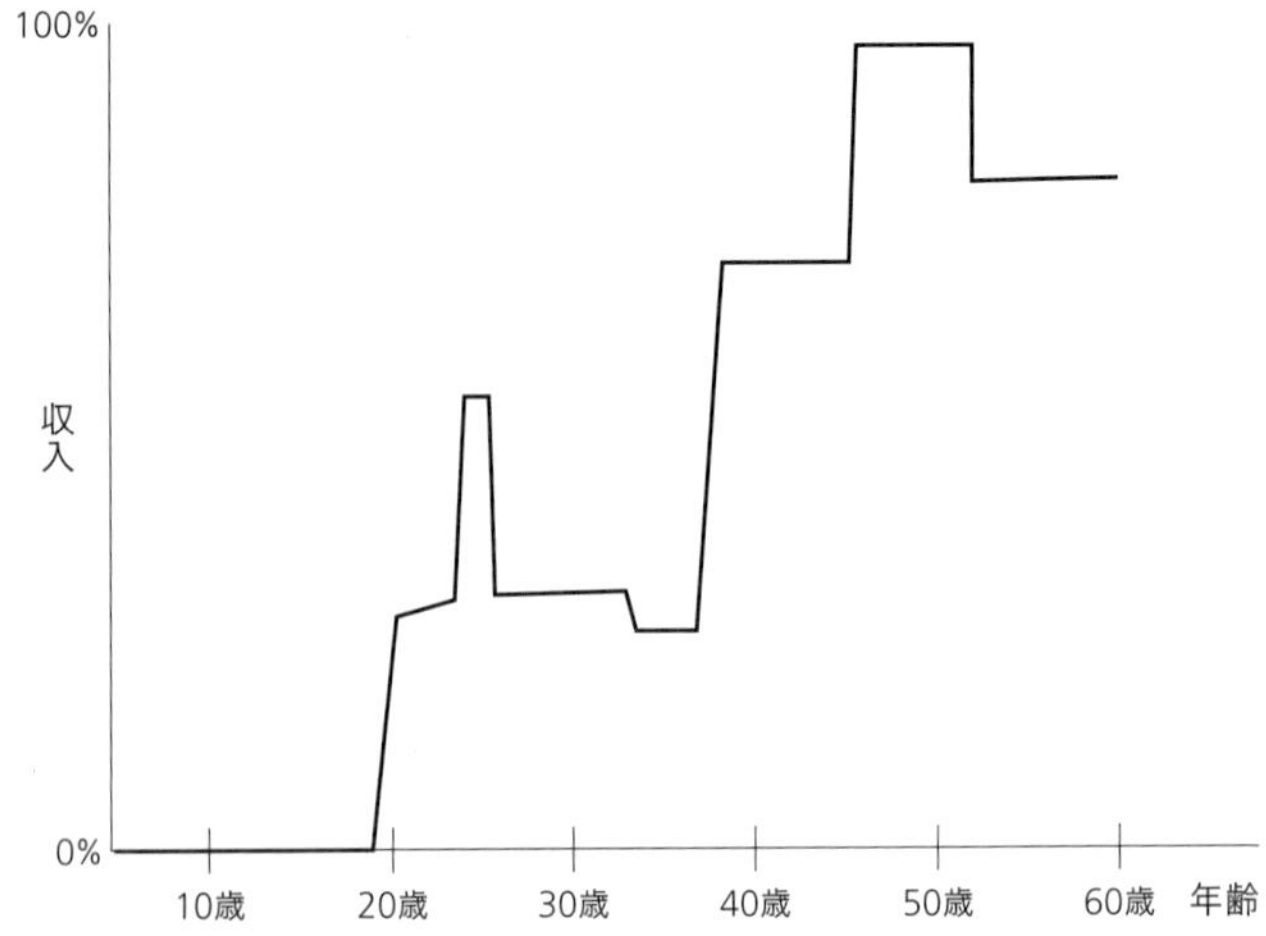

世の中を動かすと確信すること

弁護士ドットコム株式会社代表取締役社長／CEO
元榮 太一郎

元榮 太一郎　Taichiro Motoe
弁護士ドットコム創業者、代表取締役社長兼CEO。1975年アメリカ合衆国イリノイ州生まれ。2005年に弁護士として独立、起業。2014年、弁護士として初となる株式上場を果たす。2016年から6年間は参議院議員として国政に携わった。

1975年　アメリカ合衆国イリノイ州で長男として誕生
1998年　慶應義塾大学法学部法律学科卒業
1999年　旧司法試験に合格（第54期司法修習生）
2001年　アンダーソン・毛利法律事務所に入所
2005年　独立し、元榮法律事務所（現Authense法律事務所）、弁護士ドットコム株式会社を創業
2014年　弁護士ドットコム株式会社が東証マザーズ上場
2016年　参議院議員通常選挙に立候補し、当選
2020年　菅義偉内閣において財務大臣政務官に就任

1　時代がやってくる確信を持つ

２００５年に独立・起業をしてから約８年間、全く赤字続きの時期があるんです。でも、不思議と焦りやつらさはなく、ロマンがあってすごく楽しかったですね。どうして諦めずに続けられたかというと、絶対に「弁護士ドットコム」[★1]というサービスが必要な時代がやってくる、という確信があったからです。

その頃の弁護士業界では「一見さんお断り」の風土が根付いていて、紹介者がいなければ依頼を受けないのが当たり前の時代でした。でも、国民の人口は減少を迎えつつあるにもかかわらず、司法制度改革によって弁護士の数はどんどん増えていたんです。具体的には、２００１年に僕が弁護士になった時には１万７０００人だった弁護士の数が、２０１０年には３万人、２０２０年には４万人になりました。このことに気づいた僕は、「インターネットで弁護士が依頼者とつながる時代が

★1　弁護士ドットコムが創業時から手がけるメインのサービスで、日本最大級の法律相談・弁護士検索のポータルサイト。相談は離婚・借金・交通事故など、あらゆるケースで1カ月に9000件以上投稿されている。また、登録している弁護士の数は2万人を超えており、これは全国の弁護士の2人に1人以上の割合である。

必ずやってくる」と確信しました。だから、少しも焦らなかったわけです。

しかも、僕以外にこのことに気づいている人がいなかった。誰にも興味を持たれず期待もされない状況だったことが、むしろ僕には魅力的に感じられました。ペイパル創業者であるピーター・ティール氏[★2]が著書で書いていた「独占から生まれる利潤」のような世界をつくれると思ったんです。さらにその後も、現代のようなリーガルテック時代が来ると思っていたので、楽しみで仕方ありませんでした。

それでも、8年という年月はやっぱり長い。起業当時の僕は吉野家の牛丼が大好きで、毎日のように食べていました。朝10時から夕方5時ぐらいまで仕事をしたら、吉野家の並盛牛丼に、玉子とキムチとごぼうサラダ、それからみそ汁をつけて持ち帰り、家で食べる。少し寝て、夜の9時頃起きたら、もう一度会社に行き、朝の5時まで働きます。そしてまた家に帰って寝て、朝9時に起きる。この生活を3年ぐらいやっていました。だから吉野家の牛丼には感謝していて、初心を思い出すために

★2 オンライン決済サービス・ペイパルの創業者であり、現在もシリコンバレーで絶大な影響力を持つ。母校スタンフォード大学で行った待望の起業講義録をまとめた書籍『ゼロ・トゥ・ワン 君はゼロから何を生み出せるか』（NHK出版・2014）にて、成功している企業は、競争ではなく、市場を独占していると語っている。

今でも1年に1回は食べるようにしています。

2　始めはコツコツ、泥臭く

先ほど言った通り、2005年の弁護士業界は「一見さんお断り」の世界。インターネットに顔や名前を出すなんて、はしたない・品がない、と考える弁護士さんも少なくありませんでした。だから最初、登録弁護士数300人くらいまでは、僕がそれぞれの弁護士さんを往訪し、サービスの理念を説明し無料登録をお願いして、どうにか義理で登録してもらうという、泥臭い形で数を増やしていきました。

サイトをオープンしたばかりのある日、東京にいる弁護士1万5000人に対して登録説明会をやろうとFAXでご案内をしたら、なんと1人からしか申し込みがなかったんです。こちらは4名で待ち構えているのに、1人で来たその弁護士さんは、入った途端に「しまった！」という焦った顔をしていて。それでも、2時間ぐらい全力フルスイングで弁護士ドットコムの説明をして、登録してもらったこともありました。

あとは、起業したてでFAXに一斉送信機能があることを知らなかったんです。そのせいで、なんと3万人ほどの弁護士に対して、全部手打ちで一件一件FAXを送っていました。当然ですがFAX料金は10万円を超えていて、驚きましたね。

創業当初はそれくらい反応が鈍くて、自分自身も手探りだったので、ほろ苦い思い出が山ほどあります。それでも、徐々に登録者数は増えていきました。FAXを送っていると、月に数十名ぐらい、多いときには100名ぐらい登録してくれたりして。そうやってじわりじわりと増えていきました。

3　勝負をかけるタイミングは丁寧に探る

登録弁護士数自体は徐々に増えていたものの、始めてしばらくは弁護士さんからの反応はいまひとつ盛り上がりませんでした。その原因は、債務整理や過払い金などのテレビＣＭが流行り、空前の弁護士特需[★3]になっていたことにあります。弁護士の数は増え続けているものの、今まで以上に繁盛している弁護士さんも結構いて、本当に義理で登録してくれていただけの状態だったんです。

しかし、２０１０年の秋に武富士[★4]が破綻をしてから、その空気が一変し、いよいよ弁護士の世界でも「次のことを考えなければ」という危機意識が芽生え始めたように思います。そのくらいの時期から、弁護士ドットコムの登録者数も以前より堅調に推移するようになり、問い合わせの数も増えてきました。

そして、サイトオープンから8年ほどたち、登録弁護士数も５０００人ほどに達した２０１３年8月、満を持して有料プランをスタートすることにしました。その頃には、弁護士さんたちは間違いなく、「弁護士ドットコム」というプラットフォームで多くの依頼者と出会い、恩恵を受けていました。そのことが自分の実感としてもわかってきたタイミン

★3　２００６年1月に行われた裁判で、最高裁から新しい判例が出たことにより、過払い金請求は訴えを起こせば簡単に勝訴できるものになった。その結果、債務整理や過払い金の請求をする人が殺到し、弁護士業界がバブルになった。

★4　２０１０年9月28日、消費者金融大手だった武富士が倒産した。原因は、過去に法律に反する利息を取りすぎており、「過払い金」の返還に資金繰りが追い付かなくなったこと。
　武富士のように消費者金融が倒産した場合、過払い金の返還を請求することが難しくなってしまう。

グだったこともあり、今だったら有料化しても、弁護士さんたちは納得してくれるのではないかと思いました。

8年もの期間、有料化せずに待った理由はたった一つ。これまで、弁護士が顧客開拓のためにお金を払うことは一度もなかったからです。だからこそ、弁護士さんが納得してお金を支払うことのできるタイミングを丁寧に探る必要がありました。そして、見事にその読みは当たり、有料プランはうまくいきました。さらに、その翌年の12月、有料化から1年4カ月で上場することができました。

4　新しいテクノロジーがどう使えるか、常に考える

上場する前から、AIに興味を持っています。法律のような体系化された情報を扱う我々の業界は、AIとの相性が非常にいいと思っているからです。

上場した年に大納会というイベントがありまして、そこにはその年上

場した企業の社長が東証から招待されるんですが、同じ年に上場したCYBERDINE[★5]の山海社長がいたので、「人工知能って法律と非常に相性がいいような気がするんですけど」ってお話ししてみたんです。そしたら、「体系化された領域から社会実装されると思う。医療や法律は真っ先に始まるでしょうね」とおっしゃっていたので、その時改めて確信しました。

ＡＩは人間にとって脅威じゃない。ＡＩが社会実装されることによって、また新しい仕事が生まれてきますし、我々はもっとクリエイティビティを発揮できる、やりがいのある仕事に集中できるようになると思います。

弁護士で考えれば、わかりやすいでしょう。弁護士という職業は外から見ると知的労働者だと思うかもしれませんが、基本的には相当地味なリサーチ作業やドキュメンテーション作業も多くの時間を占めるんです。本をいろいろ見ながら与えられた答えを探したり、自分の事務所に該当する本がなかったら国会図書館に行ってみたり。判例のリサーチや訴状、裁判書面のドラフトにも相当な時間がかかりますしね。それから、記録

★5　2004年に、筑波大学教授の山海嘉之氏が創業した、ロボティクス企業。主に、装着型サイボーグHALを開発・実装している。本書の188ページに、山海氏のインタビューも掲載している。

を読んだり証拠を読んだりするだけでも、膨大な時間と手間が発生しています。

これらの業務をＡＩが代替できたらどうなるか。どうやったらこの裁判に勝てるんだろうとか、依頼者の利益をしっかりと実現させるにはどうしたらいいだろうとか、新しい裁判例を作ってみようかなとか、プラスアルファのことを考える余裕ができますよね。それから、もっと多くの依頼者と会う時間もつくれるし、費用も削減できるので今までよりもリーズナブルになるのに今まで以上の利益が出るようになる。結果的に、多くの依頼者のサポートができるようになり、マーケットも拡大しますし、仕事が増えるはずです。弁護士ひとつとってもこれだけ恩恵が浮かぶんですから、心配することはないんじゃないかなと思います。

5　ないものを生みだそうとするハングリー精神

僕は３人兄弟の長男として生まれ、神奈川県藤沢市の遠藤というところで育ちました。父は電機メーカーに勤めていて、団地住まいです。父親が9人兄弟の末っ子、母親が4人兄弟の末っ子だったせいか、僕は長男にもかかわらず、初めて着るセーターなのにすでに毛玉がある状態が当たり前なくらい、与えられたものはすべて誰かのお下がりでした。当時は不満だったのですが、今考えれば、質素堅実な教育方針だったんだと思います。外食も一切したことがなくて、「外はまずい、母の料理がいちばんおいしいんだ」と言われて育ったので。よく昼の食卓に出てきたのは、インスタントラーメンでした。母はキャベツの芯まで入れるので、小学生の僕には少し硬くて、ラーメンって食べるのが大変なんだな、と思いながら食べていました。高校生になって初めてラーメンをお店で食べた時、とてもおいしく驚いたのを覚えています。

　こんなふうに、幼少期からぼんやりと、このまま普通の人生を送っていたらブレイクスルーできないのかもしれないとは思いながら過ごしていたのですが、明確にその事実を突きつけられたのは、慶應大学に入学した時です。慶應の体育会ソッカー部に入ったら、フェラーリで部活にくる友人や、お父さんに横浜の億ションを買ってもらっている友人がいて、本当に信じられませんでした。「このままじゃ、絶対追いつけない何かがある」と思って、確率変動を起こさなければと思いました。

今では両親に感謝しています。子どものうちから当然のように高いレベルの生活水準を手に入れていたら、果たして本気で頑張れたかどうか……。努力と成果がリンクする状況にないと、ハングリースピリッツは生まれにくいので、僕にとっては団地で育ったことが結果的によかったんです。

こうしたルーツもあってか、僕は人並み以上に、これまでにないものを生み出して、世の中を前に進めている実感を得ることに面白みを覚える人間になりました。日本で初めて、弁護士と顧客が気軽につながれる場所を生み出し、その場所が多くの人に求められ、感謝の言葉をいただくと、非常にやりがいを感じます。

「弁護士ドットコム」に続いて、「クラウドサイン」[★6]という電子契約

★6　2015年10月にリリースした、日本初のWeb完結型電子契約サービス。国内最大手。契約交渉済の契約書をアップロードし、相手方が承認するだけで契約を結ぶことができる。

サービスを始めた時も、紙とハンコの商習慣が根付いている日本においては、なかなか浸透しないだろうと言われていました。でも、僕は「そんなことない」と確信を持ってスタートして、徐々にユーザーさんが増え、脱ハンコが国策になった追い風もあり、今では約1900万件を超える契約がクラウドサインで締結され、258万社のユーザーさんに使っていただけるようになっています。

こんなふうに、新しいニーズに応え、生み出す瞬間がとても楽しい。だから、これからも社会を変えるインパクトのあることをしていきたいです。

6 国家観を持って経営する

2016年に参院選で当選し[★7]、2021年まで国会議員としても活動していました。政界に出てみていちばんよかったのは、これまで出会う機会のなかった多くの日本人に出会えたことです。都市部でインター

★7 第24回参議院議員通常選挙で、千葉県選挙区から自民党公認候補として立候補し当選。2020年9月からは菅義偉内閣において財務大臣政務官に就任。兼業が禁止されているため、その時期は取締役から外れていたが、政務官退任後の2021年12月、代表取締役会長に復帰。

ネット企業や法律事務所をやっていても、出会える人は限られます。でも、政治家の場合はすべての国民が有権者、いわばお客さんになる。当然、都市部だけでなく郡部にも行きますし、若い人たちだけじゃなく超年配層にも会いにいきます。ベンチャー業界や弁護士業界だけじゃなくて、聞いたこともないようなたくさんの業界と満遍なくお付き合いをしなければなりません。大変な仕事ではありますが、日本にはどういう人たちが住んでいて、どんな活動をしているのか、知ることができました。

もう一つは、それまで僕の中でずっとブラックボックスだった政治や行政の世界に対する解像度が高まったこと。ルールを変えるためには何をすればいいのかも大枠わかりました。人生をかけて熱い思いで国を変えようとしているいい政治家や官僚がたくさんいることも知りました。弁護士や医者も不祥事を起こすと記事になりますけど、いい仕事をしていても記事になりません。同じように、政治や役人の世界にも、素晴らしい国会議員や官僚がたくさんいるんです。これは、政界に入ってみないとわからなかったことでした。

そして最後に、「この国がどうあるべきか？」という国家観を、自分ごととして考えることのできた6年間でした。国政的なテーマは、外交や防衛だけでなく、年金、医療介護、子育てなど、とにかく多岐にわたります。そういった国家の運営に関するテーマを俯瞰して見ることができた。結果的に、弁護士ドットコムという企業が、この国の発展や世界の発展のためにどうあるべきかを考えることにもつながります。政界に行ったことによって、使命感みたいなものが芽生え、僕自身の経営者としての目線も少し高くなった気がします。自社が儲かればいいとか、株価が高ければいいいんじゃなくて、国家観を持って民間企業を経営する使命感みたいなものは、政界に行ったからこそ、つかみ取ることができたと思います。

僕が国会議員になった直後、ちょうど40歳の時に「人生１００年時代」という言葉が生まれました。きっと僕らの世代は、80代までバリバリ働くのが当たり前のアクティブエイティーの時代になるでしょうし、今生まれた人たちは平均１１０歳まで生きる世代です。その事実と向き合った時に、あと40年以上動けるなら、もう一度民間に戻ってドラマチックな物語をつくるのもありだなと思いたち、政治の世界から民間企業に戻ってきました。もちろん上場という一つの通過点は超えましたけど、国家観を持ってこの会社を日本を代表する企業に育て上げるところまで目指してみようかなと思ったんです。

7 人間力なくして、経営力なし

「すべての人が我が師」だと思っているので、憧れる特定の人物はいません。誰かをそっくりそのまま真似てしまうと、絶対にその人に及ばなくなるじゃないですか。だから、むしろいろいろな人のいい部分をキュレーションしていって、結果的に自分を最強にしていくほうがわくわくします。

それでも、スティーブ・ジョブズ★8が米スタンフォード大学の卒業式で投げかけた、「人の望む人生を生きようと思うな。自分の心の声に従っ

★8 アップルの創業者であるスティーブ・ジョブズが、2005年に米スタンフォード大学の卒業式で行ったスピーチには、いまだに多くの人が感銘を受けている。スピーチの中でも、元榮氏が思い返す一節の和訳は次の通り。
「他人の考えに溺れるあまり、あなた方の内なる声がかき消されないように。そして何より大事なのは、自分の心と直感に従う勇気を持つことです。あなた方の心や直感は、自分が本当は何をしたいのかもう知っているはず。他のことは二の次で構わないのです」

て決断せよ」という言葉は、大事な決断のときに思い返しています。自分の人生を左右する決断のときこそ、自分の心の声に素直に反応しないとダメだと思うんです。一度きりの人生、やった後悔よりもやらない後悔のほうが深いですから。

それから、経営者として大事にしているのは「得意淡然 失意泰然」[★9]という言葉です。自分のメンタリティを正しく整えてくれるので、常に意識しています。

いずれにせよ、論語や伝記に残されているような、歴史の風雪にさらされても古びることなく残っている考え方を大切にしています。中国の古典も愛読していますが、本当にいいことを言っているんですよ。変化の激しい現代ですから、もう昔の考えなんて当てはまらないんじゃないかと思われがちですが、年月を超えてもなお、語り継がれる普遍的な価値観は、どんなに新しいテクノロジーが出てきても、適応される可能性が高い。「人間力なくして経営力なし」だと思うので、そういう原理原則に従って、これからも生きていきたいですね。

★9 「得意のときにおごり高ぶることなく、失意のときにはゆったりと構えていなさい」という意味。中国の陽明学者である崔後渠（さいこうきょ）という人物が唱えた、『六然（りくぜん）』の中にある言葉である。

元榮太一郎の経営哲学7箇条

1　時代がやってくる確信を持つ

2　始めはコツコツ、泥臭く

3　勝負をかけるタイミングは丁寧に探る

4　新しいテクノロジーがどう使えるか、常に考える

5　ないものを生みだそうとするハングリー精神

6　国家観を持って経営する

7　人間力なくして、経営力なし

人生の幸福曲線

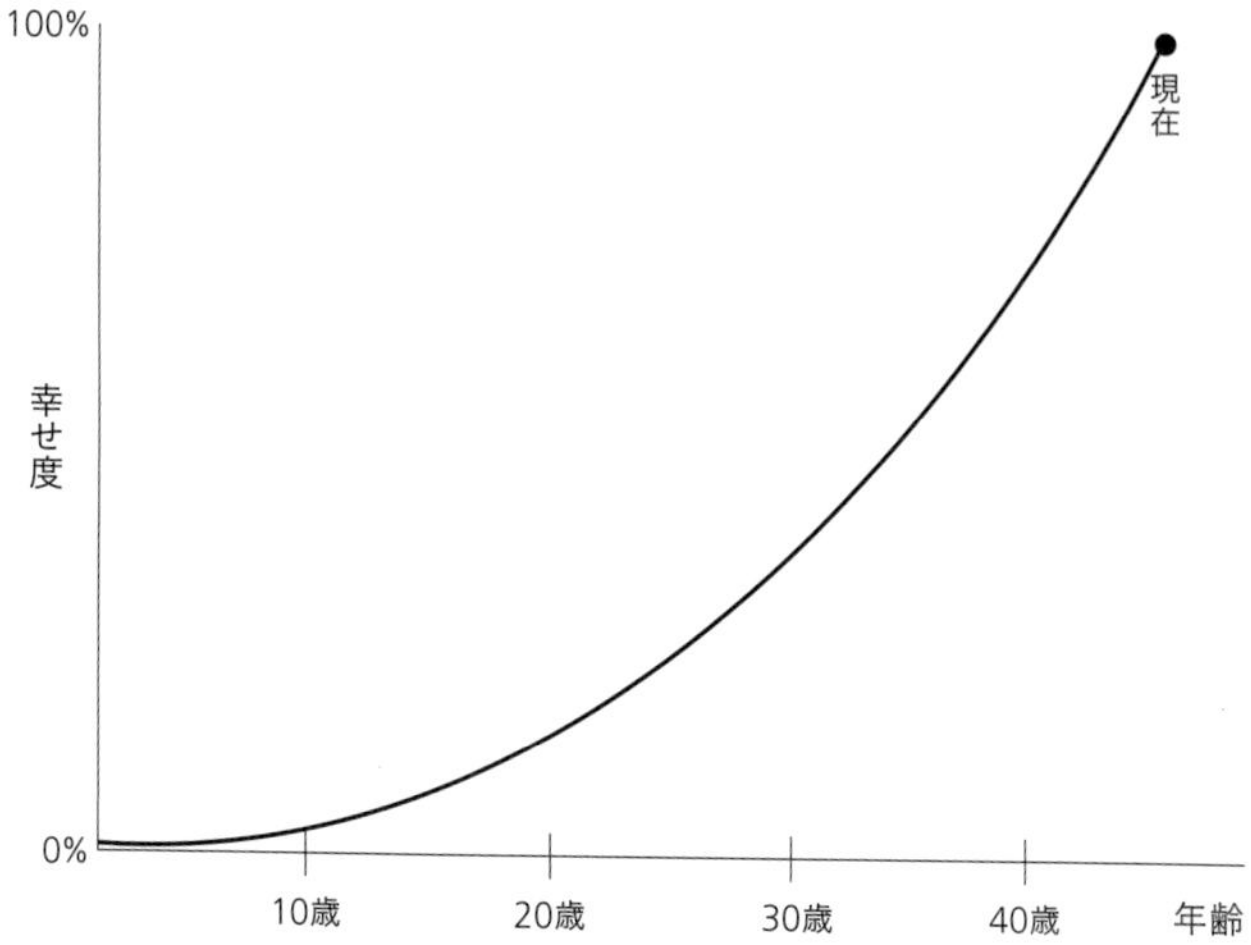

人生の収入曲線

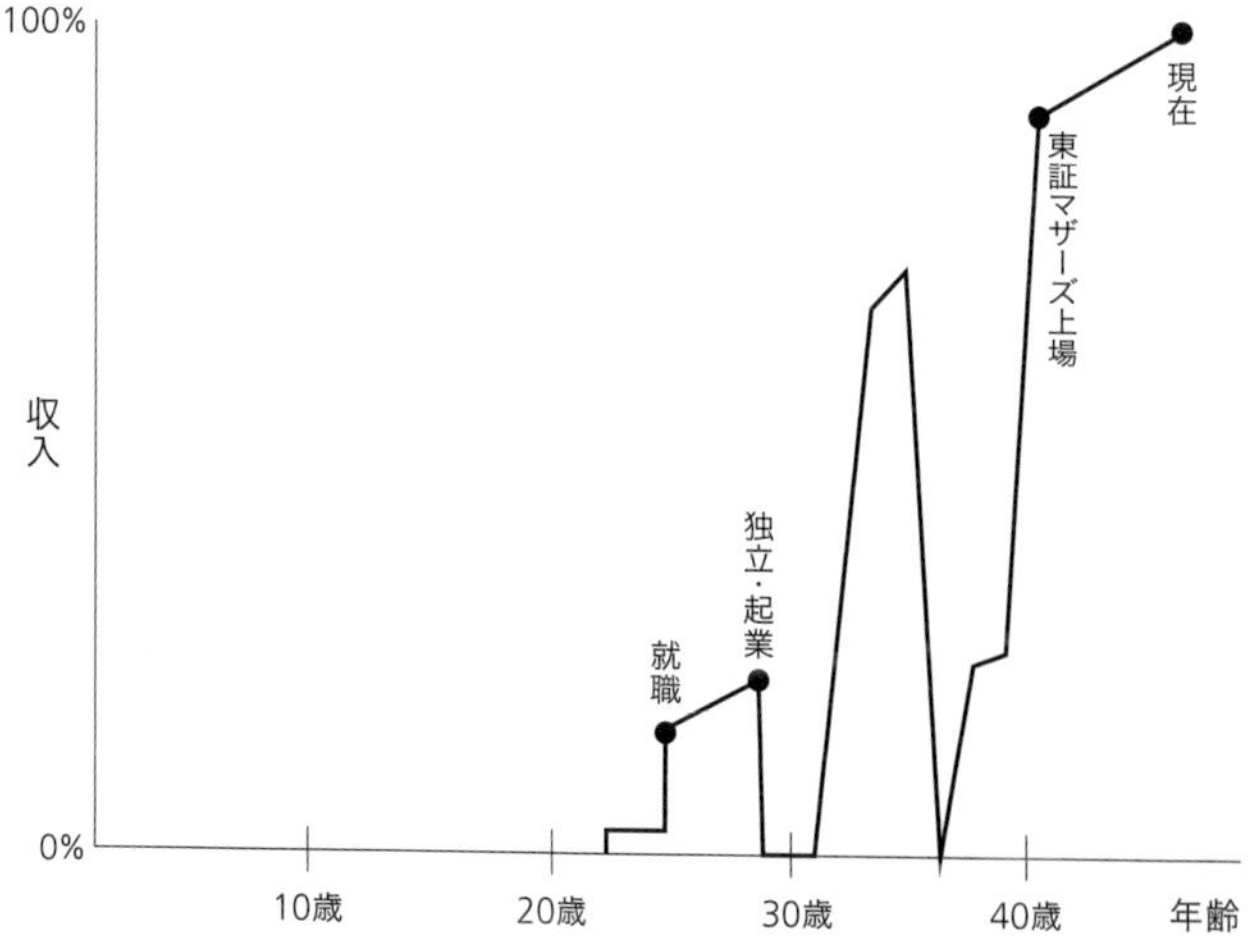

人生が一変する出来事を経て、
誰かの役に立ちたいと思った

GVE株式会社代表取締役社長
房広治

房広治　Koji Fusa
GVE代表取締役社長。クレディ・スイス、DLJディレクトSFG証券（現・楽天証券）などを経て2017年にGVE設立。オックスフォード大学小児学部特別戦略アドバイザー、アストン大学サイバーセキュリティイノベーションセンター教授。

1959年　兵庫県に生まれる
1982年　早稲田大学理工学部を卒業
1984年　イギリスの大学大学院で金融論を学ぶ
1986年　インベストメントバンクM&Aアドバイザー
1998年　38歳の若さでUBS信託銀行社長に就任
2000年　クレディ・スイスのインベストメントバンキング立て直しに従事
2005年　日本株のFund of the Year受賞
2017年　GVE株式会社設立

1　利益よりも恵まれない人に役立つことをする

転機は2017年の春、57歳の時でした。北海道のニセコで家族とスキーをしていて、大ケガを負いました。脊椎を損傷し、首から下が全く動かなくなったのです。医師からは、「失われた身体能力を一生かけてリハビリで戻しましょう」と言われました。

イギリスの自宅に早く帰りたかったので、普通の人の2倍のリハビリプログラムを組んでいただくことにしました。ハードなリハビリの初日、思いのほか疲れた私は、夕食後すぐに眠りにつきました。夜に目を覚ますと、病室はしーんと静まり返っています。その時突然、アイデアが降りてきました。ケガで死にかけて欲がなくなり、一種の瞑想状態になっていたから起こった現象なのかもしれません。

それは、法定通貨[★1]をデジタル化するプラットフォームをつくり、現金

★1　国家によって認められた強制通用力を持つ通貨のこと。日本であれば、日本銀行が発行する日本銀行券（千円～一万円）と、造幣局が製造する硬貨（貨幣・一円～五百円）が該当する。

がいらない世界を実現するというものでした。最終的には金融のすべてを自動化するプラットフォームのオペレーティング・システム（ＯＳ）を構築するという構想です。

法定通貨をデジタル化すると、送金や決済にかかるコストが格段に小さくなります。現在、世界の金融決済のうち電子決済はまだ15％から20％で、現金による決済が80％から85％を占めていると言われています。この現金決済はコストが高く、ものすごく効率が悪いのです。紙幣を印刷して銀行の金庫に入れ、警備会社にお金を払って支店やＡＴＭに運ばなくてはなりません。しかも、島がたくさんあるフィリピンやインドネシアでは船で運搬します。その結果、かかるコストは世界の防衛費を超え、日本のＧＤＰに近い年間3兆ドル、450兆円にものぼります。現金やカード決済を本当の意味でデジタル化すれば、このコストを劇的に減らすことができます。

法定通貨のデジタル化のもう一つのメリットは、主に発展途上国の20億人もの人が銀行口座を持てるようになることです。世銀総裁によると、発展途上国では都市に住む人は銀行口座を持っていても、農村の人は持っていないのです。銀行口座があればECサイトで買い物ができるなど利便性が高まるし、何よりお金を借りることができます。日本の戦後の復興がそうだったように、お金がない若い時に借りて、お金を儲けてから返すというシステムは発展途上国の経済発展に欠かせません。これが銀行の本来の役目でもあります。誰もがお金をリーズナブルに借りられるような金融サービスを受けられる世界が実現できたらどんなに良いでしょうか。

一度は一生車椅子の生活を覚悟しましたが、素晴らしい専門家による1カ月間のリハビリプログラムのおかげで奇跡的に快復し、退院することができました。退院する段階ですでに、お金儲けよりも恵まれない多くの人の役に立つことがしたいという気持ちがふつふつと湧いてきたのです。インベストメントバンカー時代の私は、お金の匂いをプンプンさせていると言われるほど、資本主義の権化のような人間でしたから、まさに人生観、価値観を一変させる出来事でした。

2　間違った判断であっても、即断がいい

私は早稲田大学理工学部を卒業後、イギリスに留学し、金融論の大家であるリチャード・ポーテス教授とピーター・オッペンハイマー氏のもとで金融論を勉強しました。

ある時ポーテス教授から、「インベストメントバンク[★2]で重役をしている私の25年来の友人が、あなたを採用したいそうだ」と声をかけられました。私の書いたエッセイを読んで気に入ってくれたということでした。結局、その人のいるインベストメントバンクに入ったのですが、後でエッセイのどこがよかったのかをたずねたら、「人は立場によって考え方が違うということを、あなたはよくわかっている。このような資質を持っている人間は珍しい。インベストメントバンカーに最も必要とされる資質だ。あなたはインベストメントバンカーになるべくして生まれてきた」と言われました。

★2　投資銀行。事業法人、機関投資家、政府などの大口の顧客を相手に、資金調達やM＆A（企業の買収・合併）のアドバイス、債権・株式の引き受け業務などを行う金融機関。

日本でインベストメントバンカーに近いのは金融機関の法人営業マンです。企業の社長はせっかちな人が大半なので、その会社や社長の立場について勉強し、最初の2分で相手に興味を持ってもらう提案ができるかが勝負なのです。

私の今の仕事で、「現金をなくす」という話を「権限のない立場の人」にしても、ほとんどの人はアレルギー反応を起こします。しかしながら、今まで会った一国の首相や大統領は全員すごく興味を示しました。立場によってものの見方が全然違うのです。

そんなわけで、私は27歳にして初めて社会人になり、イギリス系のインベストメントバンクでM&A（企業の買収・合併）のアドバイザーになりました。ヨーロッパでM&Aの仕事をするのはとても面白かったです。

私の人生では、面白い出会いも転機も偶然やってきました。大谷翔平選手のように目標達成シートを作成するような人生の長期的な計画をしたことはなく、選択肢をできるだけ広げることを、ビジネスの基本としています。選択肢があれば、そこからいいと思うほうを選ぶだけです。選び方の法則はありません。ただ、決断は早くすることだけを心がけています。どんなことでも、相手が誰であっても、事実がある程度わかれば即決します。これは20代後半で学びました。私の即決ぶりは若い頃から で、同僚や一緒に仕事をしている人々に喜ばれています。

欧米のビジネス界には、wrong decision is better than no decisionという言葉があります。間違った判断でも、判断しないよりいいという意味です。経営者が決断して何かが決まれば、経営陣も従業員も一丸となってついていきます。情報を共有すれば、軌道修正してもチームの士気は上がったままです。逆に、待っている状態が長いと時間が無駄になり、みんながやる気を失ってしまいます。

私が就職した頃は、インベストメントバンカーは世界で最も給料が高い職種で、今のＩＴ業界やシリコンバレーのベンチャー・キャピタルのような位置付けでした。ラッキーなことに、私は若い頃から収入は気にしなくてよい環境でしたので、収入よりも資産を中心に考える癖がついていました。これは、すべてのビジネスを税引後の数字で考えることにつながり、長期的な目線を持てるようになる一つの要素です。収入より資産の増え方のほうがずっと速いことに、人生の後半で気づいても遅いわけです。

30代の頃は、人を解雇するのは当たり前のことだと思っていました。当時、会社でのパフォーマンスが下から20％の人を辞めさせないと会社はよくならないと、グローバルのインベストメントバンキングでは教えられていたのです。今は、人を辞めさせなくていいように、会社は少人数にして、その体制で上場できればと夢見ています。

3　敵を山と海に囲まれたところに追いやれば、少人数で戦える

私は30代でＵＢＳ信託銀行の社長、クレディ・スイスのインベストメントバンキングの立て直し、ＤＬＪディレクトＳＦＧ証券（現・楽天証券）の役員、ＦＸテクノロジー会社の役員など、一般的には狭い範囲でしか

働く経験ができない金融界の多岐にわたる分野で、経営・投資の経験をすることができました。これはとてもラッキーなことなのです。そして、大ケガからリハビリ中の２０１７年に、日下部進★3と合計４名でＩＴ会社ＧＶＥを設立しました。

日下部はもともとソニーの技術者で、カードをかざすだけで決済できる、世界初の非接触ＩＣカード技術方式「フェリカ」を開発しました。フェリカは１９９７年に香港の交通機関で初めて採用され、現在は「スイカ」「パスモ」「アップルペイ」「グーグルペイ」など数多くの電子マネーに使われています。彼は、フェリカ以外にも、スマホで重要なＮＦＣと呼ばれる技術を国際規格化したり、コンタクトレスカード技術の特許を取得したり、ソニーの中では創業者の井深さんと並び称される物理の天才と呼ばれていた逸材です。

フェリカは世界のカードシステムを凌駕するセキュリティの高いテクノロジーですから、このビジネスを単なるものづくりだけではなく、オペレーターとして進めていれば、ソニーは日本企業として初めて時価総

★3　ＧＶＥの共同創業者であり、技術者。ソニー在籍時には、国内外の多くの非接触型決済のプラットフォームとして採用された「フェリカ」の開発を主導。２００５年にソニーを退職、三菱商事に入社し、ソニー時代から構想を描いていたオンライン型の決済ネットワーク事業を手がけるトランザクション・メディア・ネットワークス社の立ち上げに尽力した。

額一兆ドル企業になっていたと思います。日下部はソニーから離れ、三菱商事を経て自分で会社を経営していました。

日下部は、私と同じ中学・高校・大学で2学年先輩でした。中高時代の5学年上の先輩から「二人が組めば必ず面白いことができる」と引き合わされたのです。日下部が27年前に開発した、世界一のセキュリティが担保されたシステムであるフェリカの技術と、私が保有していたFXの技術を組み合わせるだけで、最強のセキュリティと低コストを実現する、世界の決済のすべてを司るオペレーティング・システムができるのは明白でした。

会社設立までの間に、ペイパル、アップル、グーグル、アマゾンなどを分析しました。彼らはすでに電子化されている15%のほうの市場しか見ていなくて、加盟店開拓などにとんでもなく大きな投資が必要なビジネスモデルであることに気づきました。すなわち、これらテック企業は、世界の85%を占める現金決済のことは考えていないんです。そこにGVEのブルーオーシャン市場があるなと思いました。

日下部が開発したフェリカは、スイカに採用されていることから日本の中では一人勝ちなのですが海外ではボロ負けだと、立石泰則著『フェリカの真実　ソニーが技術開発に成功し、ビジネスで失敗した理由』には書かれています。なぜならカードの国際規格★4を取らなかったからです。

その失敗から学び、日下部はすでに国際規格を作ることに着手していました。ITシステム分野の国際的な標準化団体であるエクマ・インターナショナルのメンバーになり、デジタル化プラットフォームの国際規格になるであろうISO／IEC24643の策定に協力しました。これは2020年にG20会議で指摘されたもう一つの金融システムの国際基準ISO20022が足りない部分を補うものでもあるのです。2030年には電子機器が24時間365日、途切れなくインターネットに接続されるIoT（Internet of Things）の時代が来ると言われています。そうなってもセキュリティや互換性を保てる国際規格としてISOが発表してくれました。

少人数で大きな敵に立ち向かうときは、南北が海と山に囲まれたとこ

★4　国や地域を超えて産業全体で使用される規格。ISO（国際標準化機構）、IEC（国際電気標準会議）などがある。

ろに相手を追いやって西と東を押さえればいいということを、イメージしてください。西が国際規格です。東は基本特許です。

グーグル、アップル、アマゾンに共通しているのが、広い範囲に適用される基本特許という種類の特許をそれぞれ一つずつ持って、プラットフォームを築いたことです。アメリカでいうとAT&Tの電話、ゼロックスのコピーのような、世界中で汎用性のある特許を基本特許というのです。アップルの時価総額の30%はスマホ関係の特許によるものだというEUの分析があります。日本や中国のIT企業は、応用特許はたくさん持っていますが、世界的に認められる基本特許を広い範囲で取ったところはほとんどありません。

我々が基本特許にしようとしたのは、アメリカのセキュリティの専門家団体であるNISTが2016年に指摘した、2030年問題[★5]に対する回答でもあるテクノロジーです。現在の銀行やカード会社のサイバーセキュリティは、誰にも見せないプライベートキーと、誰でも見られるパブリックキーの二つで構成されています。ところが、ChatGPTと量子

★5　将来、コンピュータの処理能力の進化によって、現在普及している暗号技術が無力化されてしまう問題のこと。量子コンピュータは2030年には実用化されると想定されているため、その頃にはサイバー攻撃者が量子コンピュータを用いた攻撃を実行してくる恐れがある。このため、2030年に先駆けて、防御策を実現する必要があり、次世代暗号に向けた標準化が、進められている。

コンピュータが発達すると、公開されているパブリックキーからプライベートキーが推測できてしまい、2030年には大問題になるという指摘に対する回答です。我々は、ChatGPTと量子コンピュータが発達しても、破られない、非常にセキュリティの高いオペレーティング・システムを作りました。この基本特許は日本では2022年に成立し、現在は国際特許条約に加盟している経済の規模が大きい30地域に申請中です。

4 競争相手をつくらないように組織の人数を絞る

他社の失敗から学ぶという話をしましたが、組織の人数を絞るというのには戦略的な意味があります。

アップルはスマホのオペレーティング・システムｉＯＳを最初に作ったにもかかわらず、グーグルのアンドロイドという競争相手ができてしまいました。これは、スティーブ・ジョブズがスマホの開発部隊の人数を増やし、そこから不満のあるエンジニアがアンドロイドを作って、グーグルに当時の価格として70億円で売ったからです。また、マイクロソフトの決済プラットフォームは、日下部が27年前に作ったフェリカに比べて、2段階も下のセキュリティ認証しか取れていません。開発チームのエンジニアを増やすと、このような問題が起こると判明しました。

我々は競争相手をつくりたくないのと、セキュリティ認証で今までの決済よりも高い認証を受けたいので、エンジニアの数を3人に絞り、全体のコアメンバー5人からなるチームで進めています。セキュリティの根本的な部分を知っているのは世界で3人だけです。彼らは私が担当しているオペレーションの部分、つまり開発したソフトをどのように使うのかには関わりませんから、ハード、ソフト、オペレーションの三権分立まで考えた設計であり、セキュリティが確保されます。報酬の面でも、基本設計部分を知っているものはみんながすでに十分な資産を持っているので、分裂することのない安定した組織が保たれているのです。

ちなみに、営業担当は社内では私一人です。経理、財務、上場対策は優秀な方にアウトソーシングし、そのほか顧問契約をしている人が世界中に10人います。我々が集めた20億円の資金で上場まで持っていくには、年間の支出を1億円以下に抑える必要があります。そのため、日下部と私の給料はゼロに設定しました。

5 未来から逆算したシナリオを考える

私は物事を考えるとき、最初に、想定できる未来から逆算したシナリオを書くようにしています。

例えば、30年後に紙幣・硬貨が流通しているかと聞かれたら、多くの人が「現金はなくなっているだろう」といった予想を答えることができるでしょう。そこから、紙幣・硬貨がなくなった世界にするために、何が必要になるのかを考えれば、シナリオができます。

歴史学者のユヴァル・ノア・ハラリ氏★6は、お金は人間の最高のストーリーだと言っています。紙切れにすぎない紙幣に価値があると考えられる動物は人間だけなのです。世界のお金の歴史は面白いです。

★6 1976年生まれ、イスラエルの歴史学者。世界的ベストセラー『サピエンス全史 文明の構造と人類の幸福』、『ホモ・デウス テクノロジーとサピエンスの未来』の著者である。

2人以上の人が石や布に価値があると認めて、保存と交換が行われるところからお金が始まっています。民間の知恵で出てきたお金を国家が発行するようになったのは、ごく最近です。ハリウッド映画を見て次世代の描写がもっともだと思うと、その将来の世界観の中で自分が貢献できることは何かを考えます。

そうやってシナリオ思考をした結果、まずは世界で毎年3兆ドル・450兆円が使われている決済の自動化という短期目標と、最終的には金融システムの自動化という具体的な長期目標に行き着きました。

6　失敗を恐れず、早めに撤退する

人間にできて、ChatGPTなどのAI・コンピュータにできないことは、新しい質問を考えることです。人間はこの力を磨いていかないといけません。コンピュータはすでにあるもの、過去にハッキングに成功した犯罪から確率論でうまくいきそうな手口を見つけてくることはできますが、オリジナリティのある新しい犯罪を考えつくことはないのです。逆に、人間が新しい質問を考えつくには、いろいろな課題に興味を持ち、それを長期間にわたり記憶する力も必要です。

例えば、私が小学生の頃は日本も大気汚染がひどくて、朝礼の時に気分が悪くなって倒れた生徒がいました。子どもながらに「人間が地球上の動物でいちばん環境破壊をしているな」と思ったのを覚えています。中学生の時に、イギリスに留学した叔父から再生可能エネルギーの話を聞きました。アル・ゴア元アメリカ副大統領が出演したドキュメンタリー映画『不都合な真実』[★7]（2006年）も印象に残っています。

このように、それぞれ点としての記憶があるため、GVEは設立当初から環境に十分配慮した設計であることを、どのように株式市場に伝えるかを考えました。設立時から、世界で現金輸送を廃止して、即時決済に移行した場合の電力消費量を計算しています。これが、各国の首相には大変受けるのです。

失敗の記憶は最も大事です。過去の失敗を覚えていると、あの時と同

★7 2006年に製作・公開されたアメリカ合衆国のドキュメンタリー映画。アル・ゴア元副大統領が地球温暖化への対策を訴えるスライド講演に、彼の生い立ちを辿るフィルムを交えた構成。環境問題を直視しない政府の姿勢を批判しており、自然環境を意識しつつ日常を生活する重要さを訴えている。

じだからやめようという判断ができます。記憶によって、その人のその後の人生は変わってくるのです。

失敗に関しては、同じ過ちをくり返さないことは大事ですが、失敗の経験は必要です。成功した人間のほとんどは、ビジネスにおける成功と失敗の割合が1対9くらいだと思っています。ベンチャーの成功率はもっと低いでしょう。大きな成功を収めたいのであれば、失敗を恐れず、できるだけ多くの人の失敗から学び、失敗したときは大ケガをしないうちに早めに退却することが重要です。

7　先が見えても世の中の動きに合わせて行動する

最重要な基本特許を取るアイデアは設立前からありましたが、わざと3年遅らせて特許申請をしました。これは株式投資から学んだことです。今までにない新しいテクノロジーが出てきたというニュースを耳にして、私もいずれパラダイムシフトが起きると予測しました。しかし、経験則としては、実際に現実になるのは早くても2、3年後です。世の中の動きと自己の予測には時差があるわけです。

技術者として大成功を収めた日下部が日本で評価されたのも、最初にOSを作ってから20年後でした。今も20年、30年先のことを考えています。日下部と私がパートナーとしてうまくやっているのは、例えば「銀行業務の自動化の投資は、最初の5年ではやらない」などの判断を任せてくれるからです。我々は先が見えていても、世の中の動きに合わせて行動しないと、企業としての大成功はないと考えています。

GVEはユニコーン企業[★8]と言われていますが、2027年までに少なくとも一つの国での金融包摂・ファイナンシャルインクルージョン、法定通貨のデジタル化を実現したいと考えています。一つの国で導入されて現金がいらなくなることがわかれば、その後はドミノ倒しのように広がっていくと思います。すでに南アジアと南ヨーロッパの首相から、彼らの在任中にGVEのプラットフォームと現地企業で現金をなくしたいと要請を受け、金融包摂の計画を進めています。

★8 企業価値（時価総額）が10億ドルを超える創業10年以内の未上場企業。

日下部と私はすでに60代なので、会社設立当初からできるところまではやりますが、金融のデジタル化やデジタルヘルスケアのプラットフォームの開発導入は、30歳若いメンバーが引き継いでくれる計画・青銀共創をうたっています。アドバイザーを含めすべてのメンバーがお金ではなく、これは面白いという世界観から社会に貢献してくれています。10名の顧問も、私と同じで固定給ゼロです。アップルのように法人税を10兆円、20兆円と払える会社が日本に5社くらい出てくれれば、日本の1200兆円の債務は解消すると信じています。GVEがそんな会社の一つになれることを夢見ています。

房広治の経営哲学7箇条

1 利益よりも恵まれない人に役立つことをする

2 間違った判断であっても、即断がいい

3 敵を山と海に囲まれたところに追いやれば、少人数で戦える

4 競争相手をつくらないように組織の人数を絞る

5 未来から逆算したシナリオを考える

6 失敗を恐れず、早めに撤退する

7 先が見えても世の中の動きに合わせて行動する

人生の幸福曲線

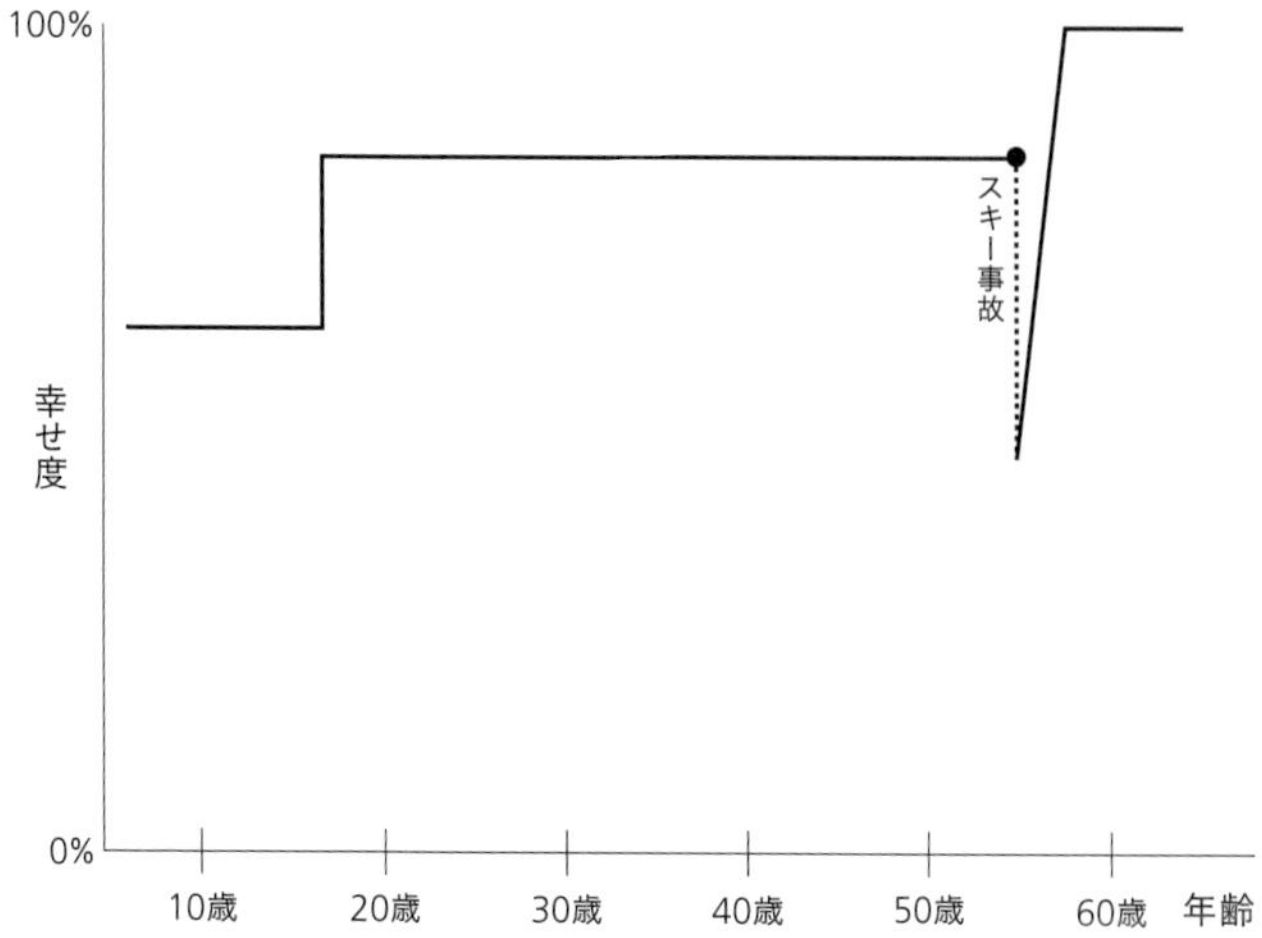

人生の収入曲線

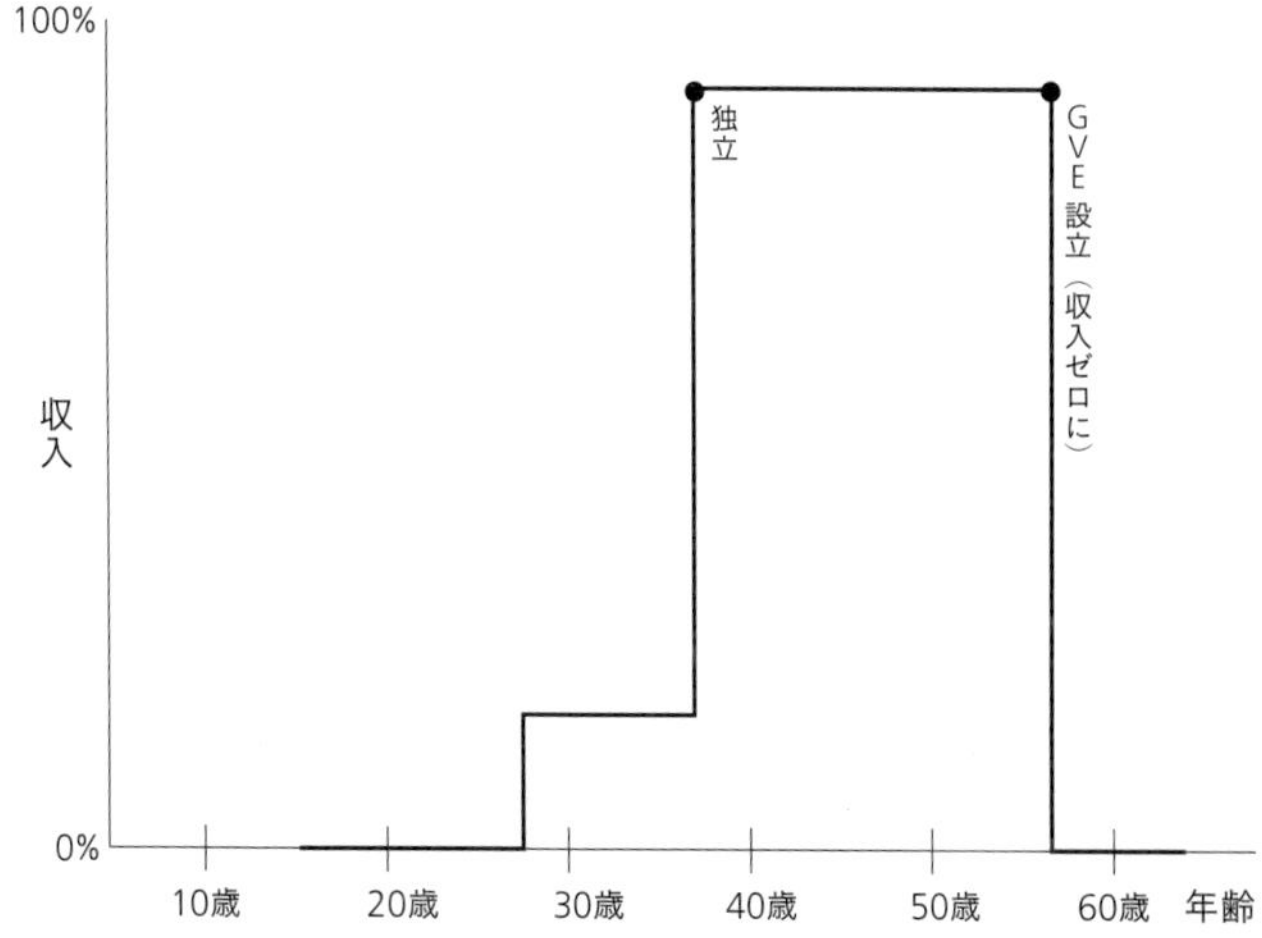

感謝を責任に変えていくから強くなれる

株式会社TBM代表取締役CEO　山﨑敦義

山﨑敦義　Nobuyoshi Yamasaki
TBM代表取締役CEO。20歳の時に中古車販売会社を設立。2011年に株式会社TBMを創業した。Japan Venture Awards 2016で東日本大震災復興賞、EY Entrepreneur Of The Year 2019 JapanでExceptional Growth部門大賞受賞。

1973年　大阪府岸和田市に生まれる
1988年　中学校卒業後、大工見習いに
1993年　20歳で中古自動車販売会社を設立
2008年　台湾製ストーンペーパーの輸入販売を始める
2010年　独自の技術による新素材「LIMEX」の開発を開始
2011年　株式会社TBMを設立
2016年　新素材「LIMEX」を製品化
2022年　神奈川県横須賀市にリサイクルプラント竣工
2024年　世界経済フォーラムのユニコーン・コミュニティの一員として、ダボス会議に参加

1　何百年も挑戦し続ける会社をつくる

毎年10月、生まれ育った大阪・岸和田のだんじり祭に参加しています。昼間は勢いよくだんじり★1を引いて、転んだり、ぶつかったりして、危険なお祭りのイメージが強いかもしれませんが、夜は提灯をつけて、ゆっくりゆっくり歩くんですよ。「おまえんとこの子ども、大きなったな」「仕事はどうや?」なんて話しながら、年に一度の同窓会みたいな感じですね。

祭りは15歳から20代半ばまでの青年団が中心となり、小さい子どもたちも参加します。だんじりの上からみんなを見ていると、頑張って背中を見せてやらなきゃ、と思うんですよ。

僕が子どもの頃の岸和田は、血の気の多い人がよくケンカをしていて、上下関係の厳しいところでした。中学校を出てすぐに大工見習いになりました。周りもそういう境遇の先輩や仲間が多かったんです。

★1　祭礼の時に引く屋根付きの屋台。車輪があり、大勢の人が綱を引いて町を練り歩く。

建設現場で働いていましたが、後輩たちに、学校を出ていなくても時間の使い方や挑戦の仕方でこうした人生もあるんだというのを見せてやりたいと思い、中古車販売業の人のところで少し勉強させてもらいました。これならやれるな、と思って、20歳の時に仲間たちと中古自動車販売会社を始めたのが最初の起業です。不安よりもワクワクのほうが大きかったですね。

楽しくてしょうがなかったです。みんなでネクタイを巻く練習をしてね。スーツに下駄で来るやつもいました。1年目からすごくうまくいったのですが、何年かして、僕は違う事業もやってみようと思い立ち、後輩たちに会社を譲りました。

今度は、公共工事のような建築関係の案件を取ってくる仕事を先輩とやりました。世の中の縮図が見えて勉強になりました。

20歳で起業した時は、30歳になったら日本中の誰もが知るような会社の経営者になっていると思っていたんです。でも、現実はそんなに甘いわけもなく、失敗して大きな借金を抱えたこともありました。それでも、周りで支えてくれた人たちのおかげで、経営者として10年、生き延びることができました。

30歳の時に先輩の経営者がヨーロッパに連れていってくれたんですよ。初めてヨーロッパの街並みを見たことが、僕の人生に大きな影響を与えました。日本では新築が重宝されるけど、ヨーロッパでは人だけが入れ替わって、その街が存在し続けている。自分が生きてる間に出来上がらないもんを作ってる感覚って、どうなんやろ、と考えました。

僕の人生なんてあっという間です。自分は何百年も生きられないけど、時代を超えて何百年も挑戦し続ける会社を残して死にたい。そう強く思いました。

2　地球規模で世の中の役に立つことをする

ヨーロッパの街並みに衝撃を受けて、何百年も挑戦し続ける会社をつくると決めましたが、具体的にどんな事業をやりたいのかを考えていく必要がありました。世界中で勝負できて、わかりやすく世の中の役に立つ事業で、兆のつく規模のビジネスにする。この3つの目標を立ててビジネスの種を探しました。

そこで出合ったのが台湾製のストーンペーパーです。大阪の先輩がその素材で作った名刺をくれたのがきっかけでした。普通の紙は木から作りますが、これは石灰石が原料。石灰石は世界中にある安価な素材で、製造時に水をほとんど使わないので、水資源の乏しい国でも作れて環境への影響が少ないのが特徴でした。ちょうど世の中で環境問題が注目され、環境ビジネスが動き出した頃でした。

当時僕はＩＴ企業への投資など、いくつかの事業をやっていましたが、中古車販売の経験から、やはり形あるものを扱うのが自分には合っていると思っていました。そこで、台湾に行って交渉し、ストーンペーパーの日本の輸入元を始めました。

マーケティングしてプロモーションをすると、この素材の可能性が高く評価され、大手メーカーや商社から問い合わせをいただきました。ただ、台湾製のストーンペーパーは重く、品質が良くない上に、価格も高値だったんです。改善してもらおうと毎月のように問題点を持っていったら、最初は喜ばれたのに、途中から会ってもくれなくなりました。

こちらも腹を決めて、彼らと話し合って袂を分かち、日本で独自の技術による素材開発を一から始めることにしました。日本製紙の技術者で専務取締役まで務めた、当時81歳の角祐一郎（現在のＴＢＭ会長）の協力を得て、２０１０年に開発チームを結成し、翌年に株式会社ＴＢＭ[★2]を設立しました。グローバルで勝負できて、わかりやすく世の中の役に立ち、やり遂げられたら「兆」のつく会社に必ずなる。先ほど挙げたこの３つの目標を叶えるために、やるしかないと思いました。

3　感謝と謙虚から信頼関係が生まれる

20歳で起業してから、お金の貸し借りはしましたが、人から出資してもらったことはなかったんです。角を中心とした開発チームが新素材の

★2　２０１１年設立。新素材「ＬＩＭＥＸ」事業と資源循環事業を行う。社名はTimes Bridge Managementの略。時価総額約１４００億円。

サンプルを完成させるまでは、資金調達に動かないと決めていました。自信を持って人からお金を集める覚悟が持てないからです。

でも、サンプルはいつできるかわかりません。研究開発をしている間は売上がなく、お金は出ていく一方です。自分の持っていた資金でなんとかしていましたが、それも底をついて家賃も払えない状態になりました。督促の電話がいっぱいかかってきて、会社は潰れる寸前です。自分の車を売ったりして、お金をかき集めました。僕は諦めないと言って頑張っていたんですけど、はたから見たら悪あがきにしか見えなかったと思います。

そういう苦しい時に、わざわざ時間をとって「協力してやる」とか、「あの人を訪ねてみろ」と言ってくれる人がいたら、うれしいじゃないですか。応援してくれる人の言葉に、心の底から感謝しました。

経営者にとって感謝の気持ちはすごく大事です。僕はソフトバンクの孫正義さんを尊敬しているんですが、講演に行ったら、志の高さや感謝の大切さについて話されていました。それは僕が子どもの時から大事にしてきたものです。自信を持って、そのまま行けと言ってくれたような気がして、勇気をもらいましたね。

自分の胆力を強くしてくれるのも感謝の気持ちです。人は自分だけのためには、そんなに頑張れないけど、誰かのためなら簡単には諦めない。感謝を自分の責任に変えていくから強くなれるんです。この事業だったら、とお金を出してくれた人、自分の挑戦に協力してくれた人、ついてきてくれる会社の仲間たち。そういう自分以外の人たちに対する思いがあったから、今までやってこれたんだと思います。

仕事相手の中には、ちょっと嫌なことを言ったり、辛口なことを言う人もいると思いますけど、それをしっかり謙虚に聞けるかどうかも大事です。感謝したふり、謙虚なふりだけしていたら、そういうふりで通じる人しか味方にならないですよ。

4 非常識な挑戦だからやりがいがある

経験がないのに素材メーカーをやるということは、自分では自然な流れでしたが、人には非常識な挑戦に見えたようです。台湾製のストーンペーパーに可能性を感じて、技術者と出会って新たに研究開発を始めて、2012年にいよいよ「LIMEX」[★3]のサンプルができました。次は生産する工場をつくるために、20億円が必要です。資金を集めたいと周りの人に相談すると、電話に出てくれなくなった人もいました。僕がついにおかしくなったと思った人もいたようです。

台湾のストーンペーパーを扱っていた時に、大企業からの反応で、環境に配慮した素材が大きな可能性を秘めていることはわかっており、大きなビジネスになる確信がありました。大きなお金と時間が必要であっても、僕にはマイナスな感情は1ミリもなく、チャレンジできるワクワクした気持ちしかなかったんです。

★3 印刷物、食品容器、文具、ラベルなど、プラスチックと紙製品の代替品として、1000以上の企業や自治体で採用されている。

僕はそれまでも非常識な挑戦をしてきたし、これからもしていきます。人が想像できるようなものは、もう他の誰かがやっています。「そんなことができたら、とんでもないな」「本当にその規模とスピードでやるの？」という非常識なことだから、誰もやっていないし、やりがいがあるんです。

ただ、資金調達を始めた2012年は、2008年のリーマンショックの影響で、ベンチャーに投資するリスクマネー★4が市場から消えていました。資金集めは余計に厳しいものになりました。

5 捨てるプライドと捨ててはいけないプライドを見極める

資金調達で会社や投資家さんに出資のお願いに行くと、まあ、いろんなことを言われます。そのとき大事なのは、捨てるプライドと捨ててはいけないプライドを見極めることです。

「なんで、コイツにこんなことを言われなきゃいけないんだ」という思

★4 ベンチャー・キャピタルやエンジェル投資家が、ベンチャー企業の将来性を評価し、回収不能になるリスクを負って投資する資金。

いは自分のプライドから来るわけですが、これは捨てるべきプライドです。逆に捨ててはいけないのは、何があっても自分たちの事業をしっかり理解してもらって、応援してもらうという部分のプライドです。なんぼ言ったってわかってもらえない人はいるけど、そこで反感を持ったり、すぐに諦めたりすると、自分の目的に近づけません。

僕も年下の方から厳しいことを言われて、出資を断られたことがあります。帰り道にテクテク歩きながら考えました。なんでこんなふうに言われるんだろう、という気持ちは僕個人のプライドでしかないんです。自分は全然いけてないなと思いました。

それで、その方に「何が足りなかったのか教えてください」「どうしたら出資してもらえたのかを聞かせてください」と言って、もう一回、時間をもらって会いに行きました。別に怖いことは何もないので、聞いたらいいんです。怖がったら負けです。相手も僕が嫌いで言っているわけじゃないし、僕の受け取り方が間違っていることもいっぱいあります。こういうところから道が開けることもあるんです。

会社の危機的な状況は続いていましたが、いろんな人が力になってくれて、経済産業省の補助金を申請しました。100万円でもいいから補助金がもらえたら、国が認めて応援している技術なんだと言って、それを御旗にお金を集めて回ろうと思っていたんです。だって、岸和田でやんちゃしていた中卒の大工見習いが新素材を作るといっても、説得力がないじゃないですか。

そうしたら、申請していた満額の約9億円をもらえることになりました。人生でいちばん泣いた日ですよ。それまで協力してくれた人たちに報告したら、電話の向こうで泣いてくれた人もたくさんいました。

6 ピンチをチャンスに変えていく

経産省の補助金は決まったものの、そこからもう一発、山があるんですよ。補助金は期限内に工場を完成させて、検査を受けた後に振り込まれるんです。後払いなんですよ。だから、1年ちょっとの短い期間に工

場をつくらないといけないんです。そのために機械を発注するんですが、会社に売上がないから支払い条件が厳しく、前払いを求められたりして、毎月、何億円も集めて払い続けないといけないことになりました。一回でも遅れたらおしまいです。

資金集めに奔走しましたが、ベンチャー・キャピタルや企業が何カ月もかけて意思決定するのを待っていては間に合いません。オーナー社長、エンジェル投資家に会いに行って、「いつまでに決めたらいいですか?」「今です」「きょう決めるのは無理だよ」「じゃあ、泊まって待ちます」というような交渉をしていました。

この1年ちょっとの期間がいちばんきつかったですね。自分では苦しいという感覚はないんですけど、仕事に集中しすぎて食べられないし、ずっとＬＩＮＥとかメールをしていて寝られないし、夢の中でも働いている感じなんです。自分の感覚は全然大丈夫なんですけど、体重も今より10キロ以上落ちて、周りからは「死ぬんじゃないか」と心配されましたね。

2015年2月6日に宮城県の白石工場が竣工しました。僕らの一つ目の工場です。工場なんて世界中にいっぱいありますけど、命と引き換えに、という気持ちで完成させたので、ネジ一本まで愛おしいと思いました。

ところが、工場が完成して、2、3カ月後にLIMEXの生産を始めるつもりが、製品が全くできてこないんです。特に僕らのような新素材の場合、研究室では物ができても、それを工場で量産するのは難しいことが多いんですよ。売れるものができるまでの1年半、原材料費、人件費、エネルギーコストなどが出ていきっぱなしでした。

何百万円の原材料を仕入れて、すごいエネルギーコストをかけてガーッと工場のラインを流したら、数分後にものすごいゴミの山ができるんですよ。捨てるのにも産業廃棄物だからお金がかかります。これが続くので大変でした。

ただ、工場ができた瞬間に、一気に30億円くらいの資金を集めて回っていたんです。工場ができる前と後では、投資家にとってリスクが全然違うので、「工場ができたらお金を出してやる」と言っていた人が結構いたんですね。そのお金があったから、生き延びることができました。

僕らスタートアップはピンチをチャンスに変えることが大事です。LIMEXの試作品でゴミになった原材料にはものすごいお金がかかっているので、これを何かに利用できないかと考えました。

LIMEXは紙の代替としてスタートしましたが、耐久性、耐水性に優れているので、プラスチック代替の可能性もあると言われていました。そこで、プラスチックの成形メーカーさんで、ゴミになった原材料を使ってプラスチック代替製品の試作をくり返しました。

その目鼻がつき、紙代替のLIMEXのほうも名刺ができるようになった2016年頃に、マイクロプラスチック問題、脱プラスチックの話がメディアでワッと取り上げられたんです。ものすごい追い風が吹いて、いろんな製品が一気に世の中で使っていただけるようになりました。

7　仲間と共に、挑戦と感動を共有する

基本的には毎朝6時に起きて、週2、3回はジムに行ったりサウナに入ってから、9時か9時半に出社します。もちろん健康のためでもありますけど、経営者として自分に甘くならないように、メンタルを強く整えるためでもあります。

人生で幸せだと思うのは感動したときですよね。その感動をいくつ体験できるかが、僕は幸せの証明だと思っています。小さい子はだんじりの前で綱を引いて、15歳から引くところが徐々に後ろになっていって、青年団がだんじりの近くの重要なポジションを預かります。20代半ばで青年団を卒業すると、だんじりの後に回って一兵卒からやり直すんです。

毎年、毎年、新陳代謝があって、卒業する人たちがいる。この人たちを男にしたいとか、いい祭りで終わらせてあげたい、というドラマがある。人望のある人たちが卒業する年は、特に勢いがあるんですよ。最後

はみんな泣いてね、胴上げして花束を渡すんです。

　そういうドラマを子どもの時から見てきたので、会社でも、みんなと困難を乗り越えながらストーリーを共有して、思い出をどれだけつくっていけるかが大事だと思っています。海外展開もさらに広げて、頑張ってるかとか、家族はどうやとか言いながら、いろんな国を回るのが夢なんです。自分にとっては、挑戦したことによる人との出会いがすべてです。みんなと話しているのが、いちばん楽しいですね。

山﨑敦義の経営哲学7箇条

1 何百年も挑戦し続ける会社をつくる

2 地球規模で世の中の役に立つことをする

3 感謝と謙虚から信頼関係が生まれる

4 非常識な挑戦だからやりがいがある

5 捨てるプライドと捨ててはいけないプライドを見極める

6 ピンチをチャンスに変えていく

7 仲間と共に、挑戦と感動を共有する

人生の幸福曲線

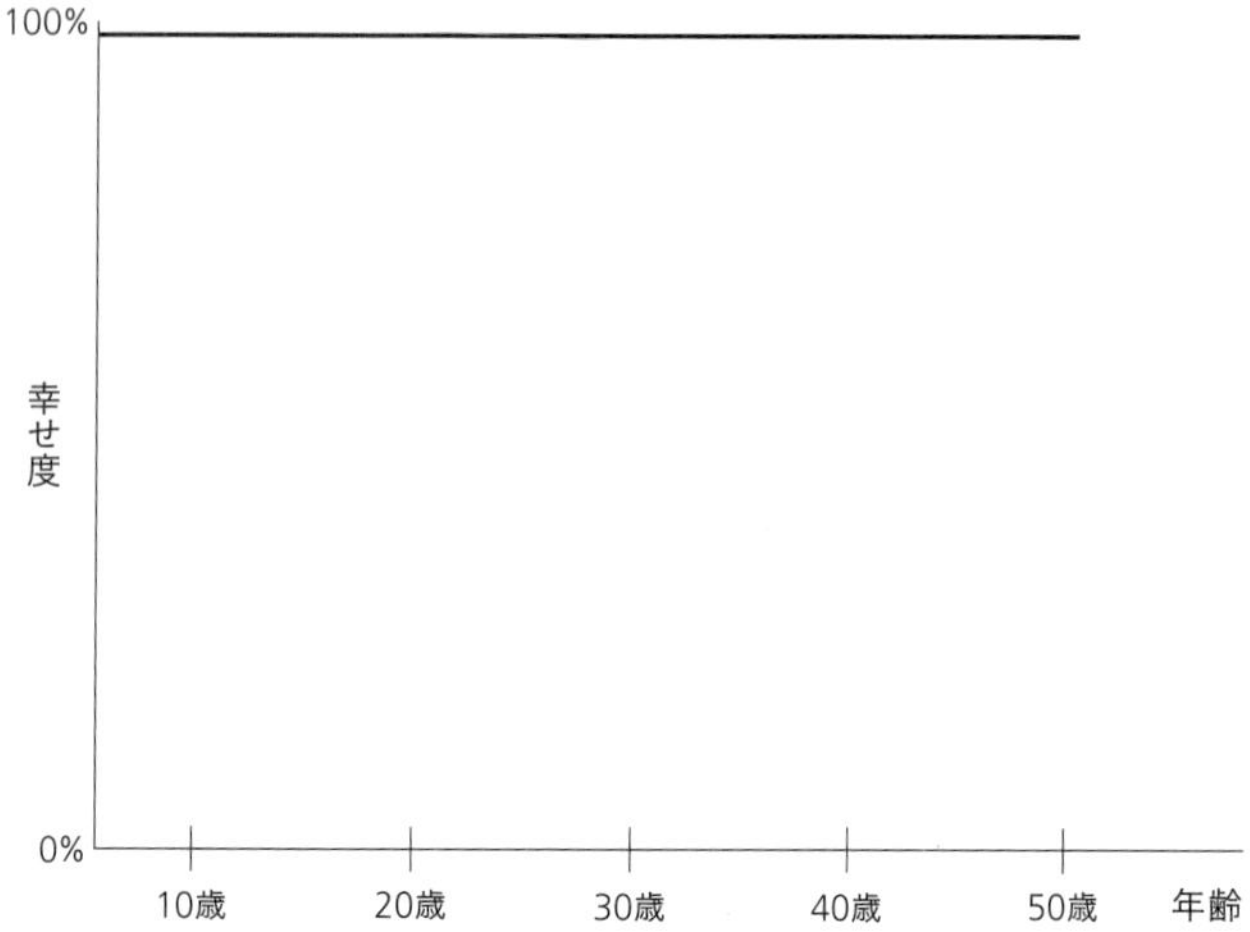

人生の収入曲線

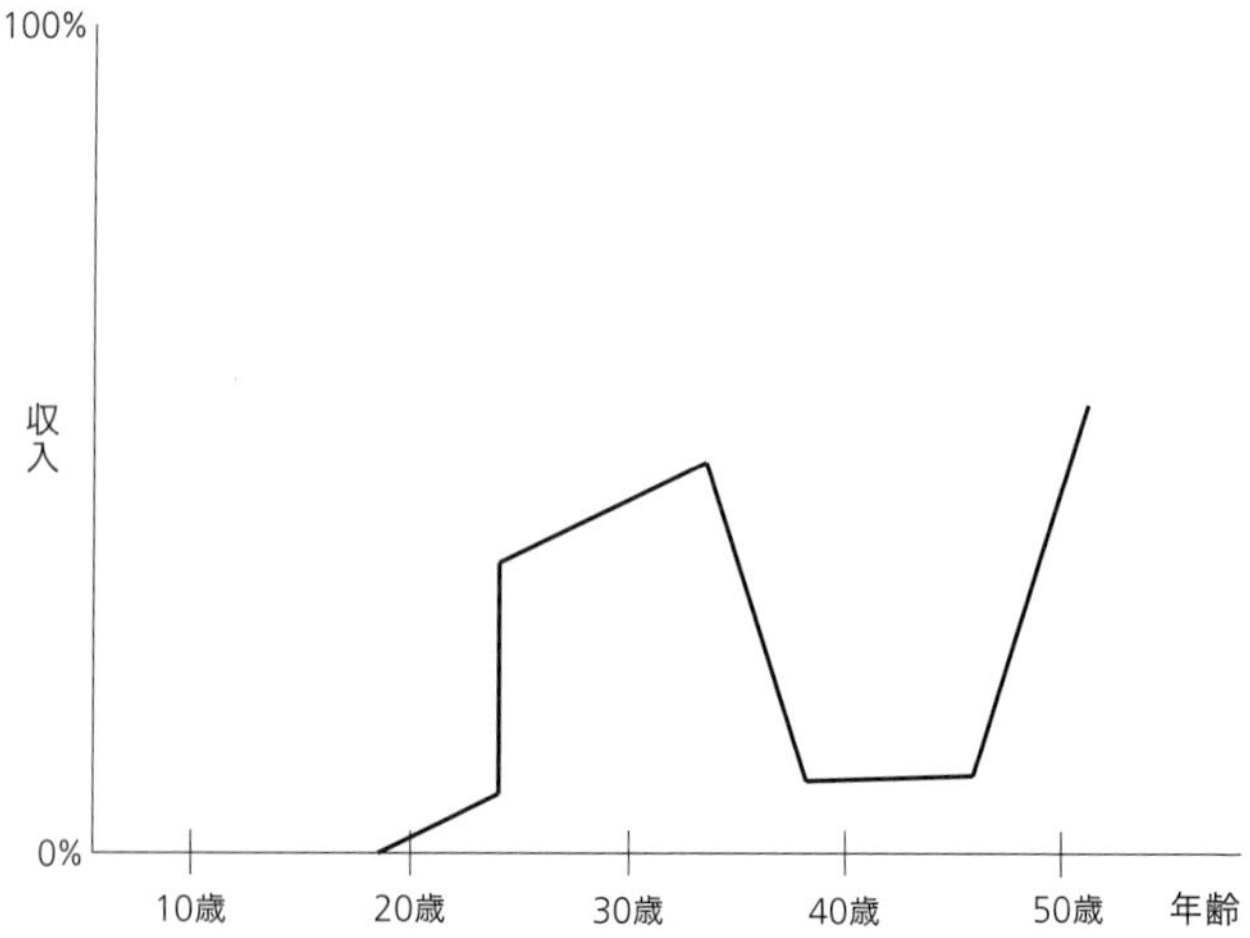

挑戦

新進気鋭の先駆者たちが確立した
あたらしい哲学

迷ったら原理原則に従えばいい

株式会社プログリット 代表取締役社長
岡田祥吾

岡田祥吾　Shogo Okada
プログリット代表取締役社長。1991年大阪府生まれ。大阪大学工学部卒業。マッキンゼー・アンド・カンパニー日本支社でコンサルティング業務に従事し、2016年GRIT（現プログリット）設立、2022年に東証グロース市場上場。

1991年　大阪府で誕生、父は専門商社の経営者
2006年　東海大学付属大阪仰星高校で野球漬けの日々を過ごす
2009年　大阪大学工学部に入学
2011年　アメリカ合衆国へ1年間留学し、英語力を養う
2014年　マッキンゼー・アンド・カンパニー日本支社に入社
2016年　株式会社GRITを設立
2019年　年商17億円達成、社名を株式会社プログリットに変更
2022年　東京証券取引所グロース市場に株式を上場

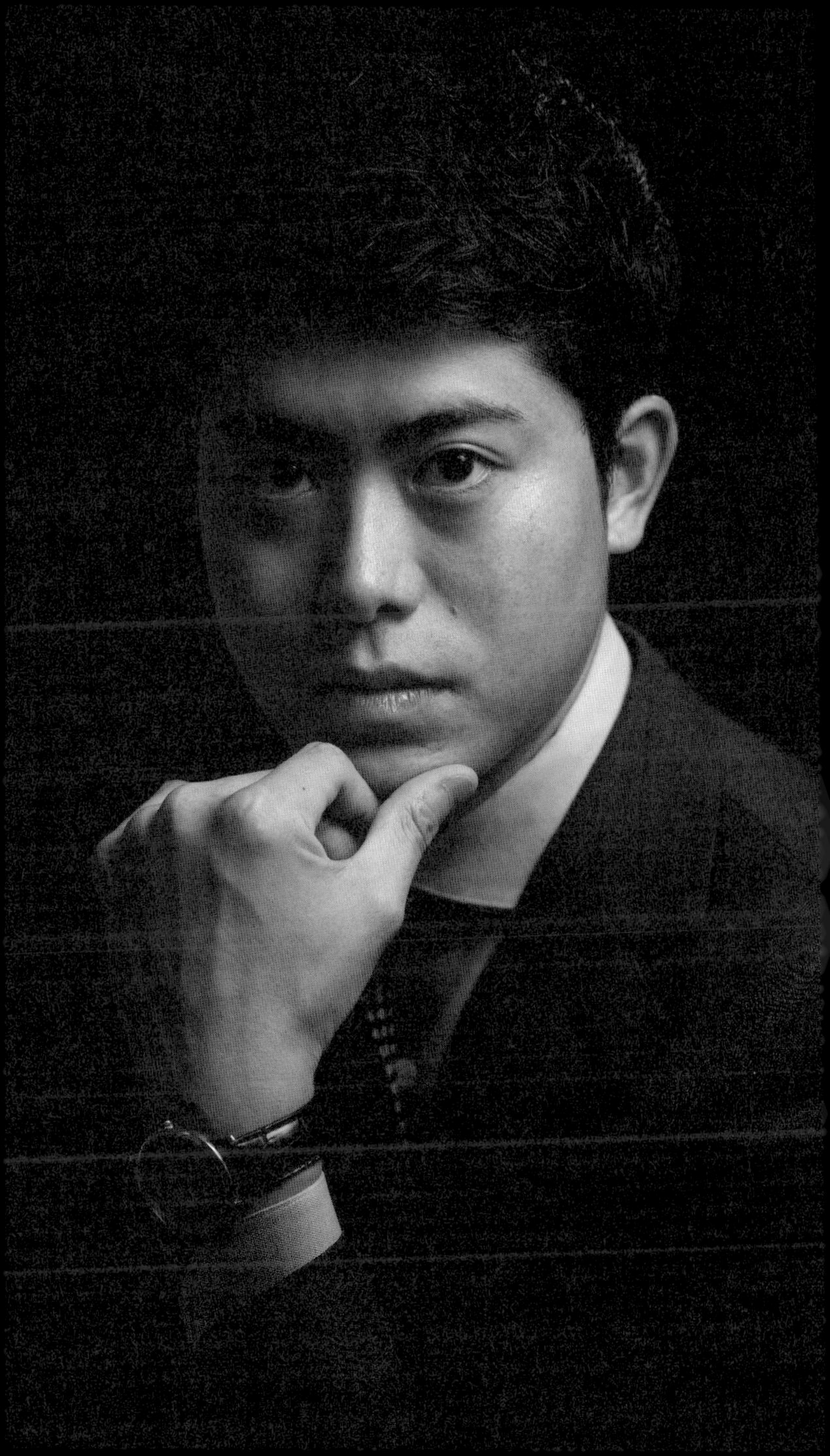

1　当たり前の真実に向き合う

英語は努力すれば誰でもできるようになります。でも、努力しないとできません。実際、1日3時間の自習を一定期間継続すれば、英語力はかなり上がるでしょう。しかし、英語業界では、その真実に向き合わずに、1日10分でいいとか、ちょっとやればペラペラになる、といった聞こえのいい謳い文句で集客するサービスがとても多い。そこで、我々は当たり前の真実に真っ向から向き合い、1日3時間やれば絶対に変わるからサポートしますよ、という英語学習のコーチングサービス「プログリット」[★1]を提供し始めたんです。

プログリットは従来の英語学習サービスとは180度、異なる考え方をしています。従来のサービスでは、英会話レッスンや教材など、いわゆる学習手段を提供しています。しかし、世の中には英語の学習手段がたくさんありすぎる。どれを選べばいいのかわからない方が大勢いるん

★1　英会話スクールではなく、英語コーチングサービス。30～40代のビジネスパーソンを中心に、累計1万8000人以上が受講(2023年12月末時点)。目的別で4つのコースがあり、すべてオンラインでの受講が可能。専属コンサルタントによる毎日のフォローが魅力。3カ月間という短期集中で英語学習と向き合い、ビジネス英語を一気にマスターしたい人に適したサービスである。

です。そこで、一人一人のレベルや目的に合った学習手段を選び、サポートすることが、我々の一つ目の役割です。

英語力を身につけたい人がぶつかってしまうもう一つの悩みは、学習が継続できないことです。これは今までの英語学習業界がほとんど触れてこなかった領域です。我々はこのニーズにフォーカスして、学習の継続を支援しています。この二つの価値を提供しているのが、従来のサービスとの大きな違いです。

プログリットのお客様は、海外出張で英語の必要性が差し迫っている方、キャリアアップや人生のために英語力を上げたい方などさまざまです。今までいろいろなスクールや教材にお金と時間を使ってきたけどうまくいかなくて、ここにたどり着いた方も少なくありません。お客様一人一人がどんな英語力を必要としているかを明確にし、それに合った学習方法で1日3時間の学習ができるようにサポートしています。

2 価格を高くし、それ以上の価値を提供する

大人の英語市場は約2000億円の規模にもかかわらず、儲からないと言われています。理由は、サービスを提供する値段が安すぎるからです。みんなで価格競争をして、安いのが正義のようなデフレ・マインド★2セットが強くなりすぎたのだと思います。価格が安いから利益が出ない。利益をちょっとでも出そうとすると講師の給料を下げるか、同じ給料でもっと働いてもらうしかない。人がサービスを提供しているのに、労働環境が良くないから品質が落ちる。それで値段がさらに下がるという、負のスパイラルに陥っているように私には見えました。

だから、我々は完全に逆で行こうと思ったんです。まず価格を高くする。価格を高くするということは、他に安い会社がたくさんありますから、お客様に価値を認めていただく必要がある。価格以上の価値を感じられる超ハイクオリティのサービスを提供する。それによって高い価格

★2 安価を求める消費者に合わせて、低価格の商品やサービスを供給する状態。進行すると、物価の下落と経済の縮小が連動し、どんどん景気が悪化する負のスパイラルに陥ってしまう。

でも払っていただける。そうすることで出た利益は人件費に使えるし、会社に余裕ができて、品質をさらに上げていくことができるのです。

3　人間の力とテクノロジーを掛け合わせる

英語業界の講師は非正規雇用が多いのですが、当社は創業以来、全員を正社員にしています。給与を業界水準より上げ、残業がほとんどない設計にして、お客様との面談の数も制限して余裕を持たせると、一人一人のお客様にしっかり向き合えるようになります。

それから、人間の力とテクノロジー[★3]を掛け合わせて、お客様の英語学習継続をサポートしています。テクノロジーだけに頼るのではなく、人間の力と掛け合わせることが重要です。なぜか？　それは、人間が社会的動物だからです。誰しも、機械より人との関係を重視する傾向があるんですね。例えば、アプリで「毎日3時間、勉強する」と設定して守れない人でも、コーチング担当者と同じ約束をしたら、実行する確率はは

★3　プログリットは「人の力とテクノロジーの力を融合させ、英語学習に革新を。」を事業コンセプトに掲げている。

るかに上がるでしょう。アプリで約束したことはすぐに忘れても、生身の人間と約束したことは守ろうとするのが人間というものです。さらに、コーチング自体にもＡＩだけでなく人間の力が必要です。なぜ英語学習に本気で取り組むのか、その先にどんな未来を描いているのか、といった質問を通して、お客様に自分自身を理解してもらう必要があるからです。今は素晴らしいテクノロジーがたくさんあります。どの部分でテクノロジーを使うと最も大きな価値が出せるのか、逆に使わないほうがいいのはどこなのかを見極めることが非常に重要だと思っています。

プログリットはよく、採用基準が厳しいと言われます。私は、人はそんなに簡単には変わらないと思っているので、誰を仲間にするかについては一切妥協しません。我々が採用面接で見るのは、その人のバックグラウンドよりも人間性、そして、英語力向上をサポートして「世界で自由に活躍できる人を増やす」というミッションを共有しているかどうかです。そこが合致している人を採用すれば、社員の帰属意識も自然と高まるのです。

4 目標を決めたら一直線に向かう

大阪で生まれ、幼稚園の頃に野球を始めてから、高校3年生までは野球一色の日々でした。小学生の頃はプロ野球選手を夢見ていましたが、中学生でさすがに無理だと思い、東海大学付属大阪仰星高校[★4]の野球部に入って甲子園を目指しました。練習はしんどいし、当時の運動部にはまだまだ理不尽なこともありましたが、一つの目標に仲間と向かっていくプロセスは楽しいものでした。その楽しさは今の仕事でも感じています。

結局、3年生の夏の全国高校野球選手権大会、北大阪大会の準決勝で敗退し、夢は叶いませんでした。甲子園出場だけを人生の目標にしてきたので、喪失感は大きかったですね。最後は、私のダブルプレーで試合が終わった瞬間を、今でも覚えています。それでも翌日にはパンッと切り替えて受験勉強を始めました。

もともと野球と勉強にしか興味がなくて、この二つ以外の時間を極力

★4 野球部強豪校としても知られる。卒業生に読売ジャイアンツにいた上原浩治がいる。ちなみに、岡田氏の野球部時代のポジションはサードだった。

減らすことに常に神経を使っていました。親に「勉強しなさい」と言われることはなく、逆に勉強していると父親から「野球の練習をせい！」と言われていたくらいです。

志望校は地元の大阪大学に決めました。私の高校から大阪大学に合格した人は、それまでほとんどいなかったと思います。自分の実力を考えると雲の上のような目標設定なので、毎日、朝から晩まで十数時間、勉強しました。授業を聞かなくてよいという許可を先生にもらい、授業中は自習をしていました。勉強しながら、「めっちゃ楽やな」とずっと思っていました。野球の練習に比べれば、息は上がらないし、水を飲んでもいいし、歩いていても怒られない。椅子に座って頭を働かせるだけでいいんです。野球のほうが圧倒的にしんどかったですね。

猛勉強のおかげで大阪大学工学部電子情報工学科に合格したものの、授業に出るとびっくりするくらいわからないんですよ。学生の大半はプログラミングとか情報系にもともと興味のある人たちで、受験で理数系が得意だからと入ってきた自分とは全然レベルが違うんです。これはまずい、この道では自分は勝てないと思いました。

それならせめて英語くらいできたほうが就職にも有利だろうと、大学2年生を終えてアメリカのシアトルに1年間留学しました。最初の3カ月に英語を学び、次の半年はアメリカ人に混じって大学の授業を受け、最後の3カ月は企業でインターンをするというプログラムです。

当時の私の英語力はTOEIC500点くらい。初中級レベルで、簡単な会話も満足にできませんでした。1年の留学で何を持ち帰れるかを考え、英語力を上げるという目標に集中することにしました。野球でも大学受験でも英語でも、目標を決めたらまっすぐそれに向かうことが苦にならない性格なんです。日本語を一切使わないようにしたら、1年で日常生活には困らないレベルに上がりました。アメリカの大手物流会社でインターンをした時は、アメリカ人の社員に研修できるくらいの英語力がついていました。アメリカには自由な雰囲気があり、ベンチャー企業を経営している若者や、将来は起業すると言っている大学生がたくさんいました。起業という道もあるんだな、と思ったのを覚えています。

この留学プログラムで出会ったのが、プログリットの共同創業者で副社長の★5山碕《やまざき》峻《しゅん》太《た》郎《ろう》です。山碕には自分とは次元が違うくらいリーダーシップがあり、将来一緒に何かやりたいと思いました。シアトルで話し合い、二人で起業の意思を固めました。山碕ともずっと英語でやりとりしていたので、帰りの飛行機に乗るまで、彼は私が関西弁を話すことを知りませんでした。

私の父親は祖父が創業した専門商社の二代目です。父の姿を見ていたので、自分も経営者になりたい気持ちはありました。山碕と出会い、二人でやれば面白い事業ができると自信が湧いて、起業が急にリアルなものになってきました。

5　人生をかけてやりたいことを事業にする

起業のためにまずは勉強しようと、新卒でコンサルティング会社の

★5　プログリット取締役副社長。留学先で岡田氏と出会い、意気投合した後、株式会社リクルートキャリアに新卒入社。同社を退職後、岡田氏と2016年9月にプログリットを共同創業した。元サッカー選手の本田圭佑の英語コーチングも担当。

マッキンゼー・アンド・カンパニー日本支社に入りました。勉強期間は3年と決めていたので、就職活動ではどれだけ働かせてくれるかを軸に、労働時間の長い会社ばかり受けました。労働時間を基準に企業選びをした理由は、自分の成長を考えたとき、時間はすべてではないけれども、すごく重要な要素だと思ったからです。労働時間は嘘をつかないと考え、極力仕事に時間を使える会社に入ろうとしました。

入社して2年ほどで仕事に慣れ、自分の成長曲線が緩くなってくると、起業のプランを考えるようになりました。東京から大阪に出張して、夕食をとってホテルに帰る途中、家事代行サービスのアイデアが降ってきました。すぐにホテルから山碕に電話して、その場でやることに決まり、退職届を出しました。

最初は資金調達のために、投資家の方にアポを取ってプレゼンテーションをしました。ところが、全然うまくいかないんです。マッキンゼーでは大企業の役員を相手にさんざんプレゼンをしてきたのに、投資家には「面白くないね」と一蹴されてしまう。今まではマッキンゼーという看板があったから、みんな話を聞いてくれたのであって、自分の力ではなかったことを痛感しました。

結局1円の出資も得られず、山碕と二人で撤退を決めましたが、その時に、「投資家に断られたくらいでやめる俺たちって大丈夫なのか？」と話し合いました。起業には大変なことがいろいろあるのに、入口で諦めている自分たちは相当ダメだなと思ったんです。何がダメなのかというと、パッション、情熱がなかったんですね。家事代行サービスは論理的に成立しそうなビジネスプランだというだけで、我々が人生をかけてやりたいことではなかったんです。

そこで、市場規模も競合他社も全部忘れて、何をやりたいのかを一から考え直しました。そこで出てきたのが、「英語」というキーワードです。二人ともアメリカで英語がある程度できるようになって人生が変わりましたし、私はマッキンゼーでも英語で苦労しました。

海外出張でクライアント企業の社長が集まる会議に出席し、議事録を取らないといけないのに英語が全然聞き取れなくて、もうクビになるんじゃないかと冷や汗をかいたこともあります。英会話スクールにも通いましたが、自分が満足できるスクールや教材はなく、周りにも同じように困っている人たちがいました。その経験から、日本にいながら英語力を上げるサービスなら価値があるし、失敗しても何回でも立ち上がれるのではないかと思いました。それで２０１６年にＧＲＩＴ（現プログリット）を起業しました。

創業から半年たつとある程度売上が立ち、山碕と私の役員報酬月20万円は払えるようになりました。これでなんとか生きてはいけますが、日本の英語業界を変えるつもりで起業したのですから、まだまだこれからです。しかし、自分たちを冷静に分析すると、経営能力も経験も全く足りていないことに気づきました。そこで、著書を読んで尊敬していたエンジェル投資家の★6瀧本哲史《たきもとてつふみ》さんをマッキンゼーの元上司を通じて紹介してもらい、メンターになっていただきました。

★6　京都大学客員准教授、エンジェル投資家。東京大学法学部を卒業後、東京大学大学院法学政治学研究科助手を経て、マッキンゼーに入社。3年で独立し、日本交通の経営再建などを手がける。著書に『僕は君たちに武器を配りたい』など。2019年8月、47歳の若さで逝去した。

瀧本さんは初対面の時からすごい迫力で、その場で500万円の出資を決めてくれました。理由はいまだにわかりませんが、「きみたちは絶対に成功する」と言ってくれて、それを信じて頑張ってきた部分もあります。以来、瀧本さんが亡くなる2019年まで、毎月1回1時間、プログリットの本社でアドバイスをいただくようになりました。

当時の私たちは全く余裕がなく、瀧本さんに言われたことだけにフォーカスしていました。今月はこれをやりました、次は何をしたらいいですか？　ということのくり返しです。今思うと、当たり前のことを当たり前にちゃんとやることを教えてもらったのだと思います。

例えば、「事業規模を拡大したいなら、来月までに社員を1人採用して、その人と一緒に作業してください」、「翌月にも採用して、その人には最初に採用した人が仕事を教えるようにしてください」、「その次に採用した人には、マニュアルを作成して教えてください」というふうに、アドバイスはすごく具体的でした。

そして、こういった小さな当たり前をしっかり積み重ねていくと、会社がスケールアップしていくことがわかりました。書籍の出版、株式上場も彼のアドバイスです。残念ながら瀧本さんは急逝されましたが、我々は多くのことを学んだので、あとは自分たちでやるしかないと腹をくくりました。

6　内向きの組織にしない

2016年の創業から3年で売上高は17億円と、会社は急成長しました。しかし、私は内心、危うさを感じていました。組織の能力、マインドセットと業績が釣り合っていないんです。好調なのは運がいいだけかもしれない、このままではまずい、と思いました。

社内の雰囲気にも違和感がありました。社員は頑張ってはいるのですが、仕事というよりサークル活動のような楽しい空気が強すぎたんです。

確実におかしいと思ったのは、従業員の会社への期待度、満足度を測るエンゲージメント調査のスコアを見た時です。偏差値88という異常に高い数字を示していました。楽しいのはいいのですが、仕事には厳しい局面もあるでしょう。それなのに、当時の組織は楽しい面ばかりが際立ってしまい、勝負師の集団とはほど遠くなっていたのです。

そこで、会社を一度潰すくらいのつもりで、何のために仕事をするのかをゼロから考え直すことにしました。経営に近いメンバー10人が1泊2日で議論し、現在の5つのバリュー★7とミッションを決めました。売上と利益の目標、コスト管理なども厳しくしたので、退職した人もいましたが、社名、ミッション、社員の価値観がすべて一新され、自分たちが楽しむ内向きの組織から、世の中に価値を提供する外向きの組織になりました。

今までいちばん苦しかったのが、2021年です。端的に言うと経営能力不足なのですが、コロナに対応しきれず、新規のお客様が一時は半分まで減りました。海外出張はなくなるし、駐在員は帰国するし、みんな海外旅行にも行かない。差し迫った英語ニーズがほぼゼロになった

★7　プログリットが掲げる新バリューは「顧客起点で考えよう」「高い目標を掲げよう」「課題を自ら解決に導こう」「互いにリスペクトし合おう」「フィードバックに感謝しよう」の5つ。

新ミッションは「世界で自由に活躍できる人を増やす」。社員たちの働く理由としてより浸透するミッションへと変更した。

ために、創業以来、初めて売上が下がり、赤字になりました。

この状況ではコロナという嵐が過ぎ去るのを待つしかありません。その間に会社を筋肉質にしようと、徹底的にコスト削減をしました。不要な教室を閉鎖し、空気清浄機の機種、交通費の定期券代まで見直しました。おかげで利益率が劇的に上がり、コロナが落ち着いて英語学習の需要が増えてきた時には、高い利益率を保ちながら成長する会社に生まれ変わることができたと思いました。そのタイミングで2022年に東証グロース市場に上場することができました。

また、価格帯の低いサービスならコロナの中でも受け入れられるのではないかと考え、プログリット卒業生向けのサービスを一般向けに公開しました。それが、「シャドテン」[★8]です。英語学習では、シャドーイングという方法が効果的なことは共通認識なのですが、このトレーニングが効果的にできるサービスやアプリは存在していませんでした。結果、シャドテンは急激に伸び、事業の二つ目の柱になろうとしています。

★8　シャドーイング特化型の添削サービス。プログリットは3カ月で約60万円だが、シャドテンは月額2万1780円と、価格帯が異なる。そのため、プログリットは30代、40代のビジネスパーソンが中心なのに対し、シャドテンはもっと幅広いユーザーに広がり、売上が事業全体の3割を占めるまでに成長した。

7　原理原則に従い続ける

創業から8年になる現在も、プログリットのコンセプトは全く変わっていません。私が大事にしているのは原理原則に従うことです。英語学習の原理原則は、学習生産性×投下時間を最大化させることです。いかに生産性の高い学習方法を選び、どれだけの時間を費やすか。この二つを徹底的に追求すれば必ず英語力は上がり、お客様は満足します。

経営をしていると迷う瞬間があるんですよ。例えば、集客がうまくいかないとき、我々は1日3時間の学習と言っているけど、1日1時間でもいいと言ったほうが、お客様が集まるのではないか、と心の中で思うこともあります。でも、それは原理原則に反しています。短期的にうまくいったとしても長期的には失敗します。原理原則があるから我々は踏みとどまれるのです。

私はいろいろな失敗をしてきて、失敗しないと深く学ぶことはないと感じています。そのため、起業したい人にはやってみることを勧めます。起業は何回かやっていれば一回は当たるものだと思います。早く始めること以外にアドバイスはありません。

友人と起業すると失敗するとよく言われますが、私は山碕と一緒に起業して、本当によかったと思っています。最初はケンカのようなこともありましたが、今は全くなくて、話し合わなくても二人の意見は99パーセント一致しています。8年の時を経て、自分たちが目指すもの、課題、解決のためのプロセスを話し尽くしてきたからです。これからも一緒に未来に向かっていきたいと考えています。

岡田祥吾の経営哲学7箇条

1 当たり前の真実に向き合う

2 価格を高くし、それ以上の価値を提供する

3 人間の力とテクノロジーを掛け合わせる

4 目標を決めたら一直線に向かう

5 人生をかけてやりたいことを事業にする

6 内向きの組織にしない

7 原理原則に従い続ける

人生の幸福曲線

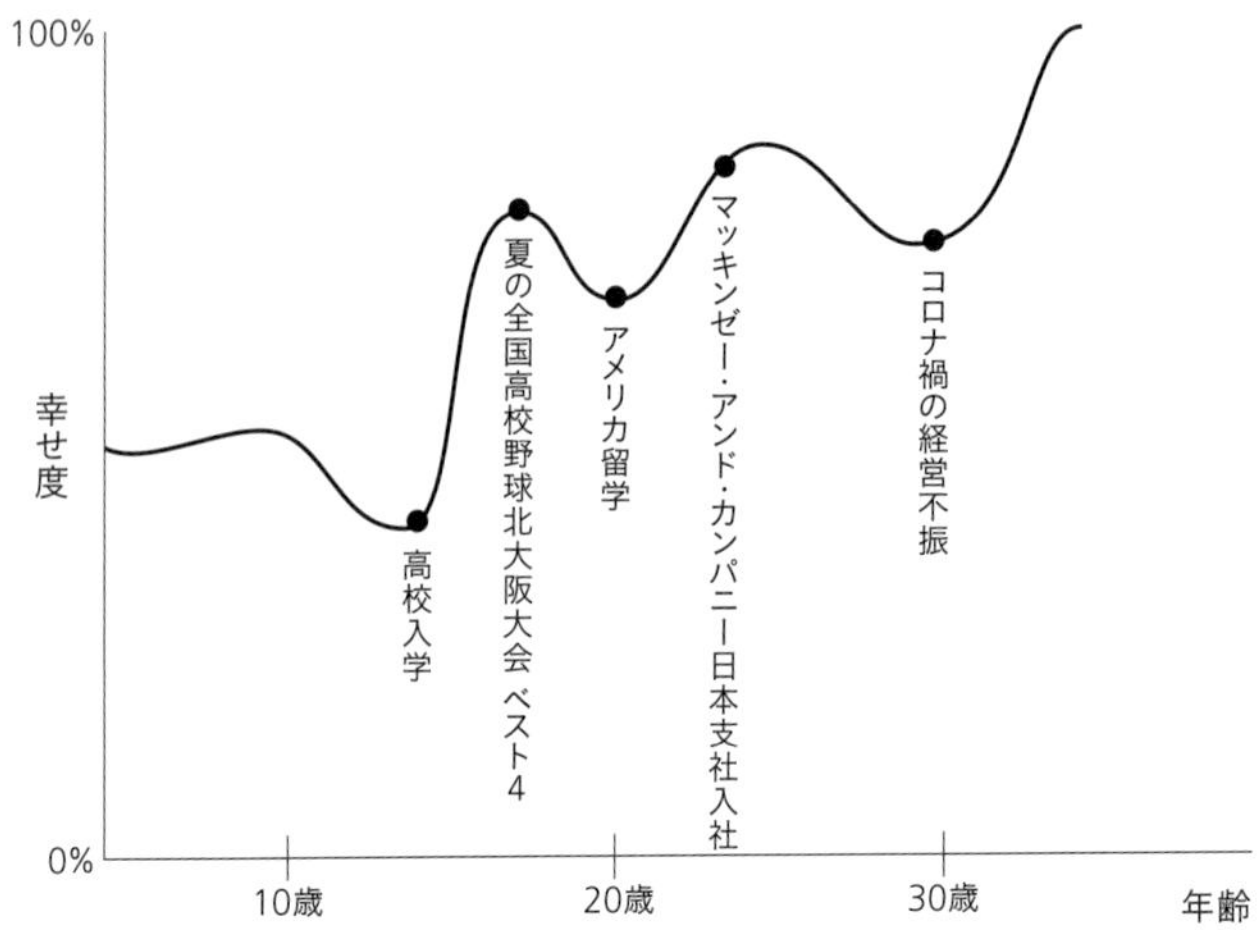

人生の収入曲線

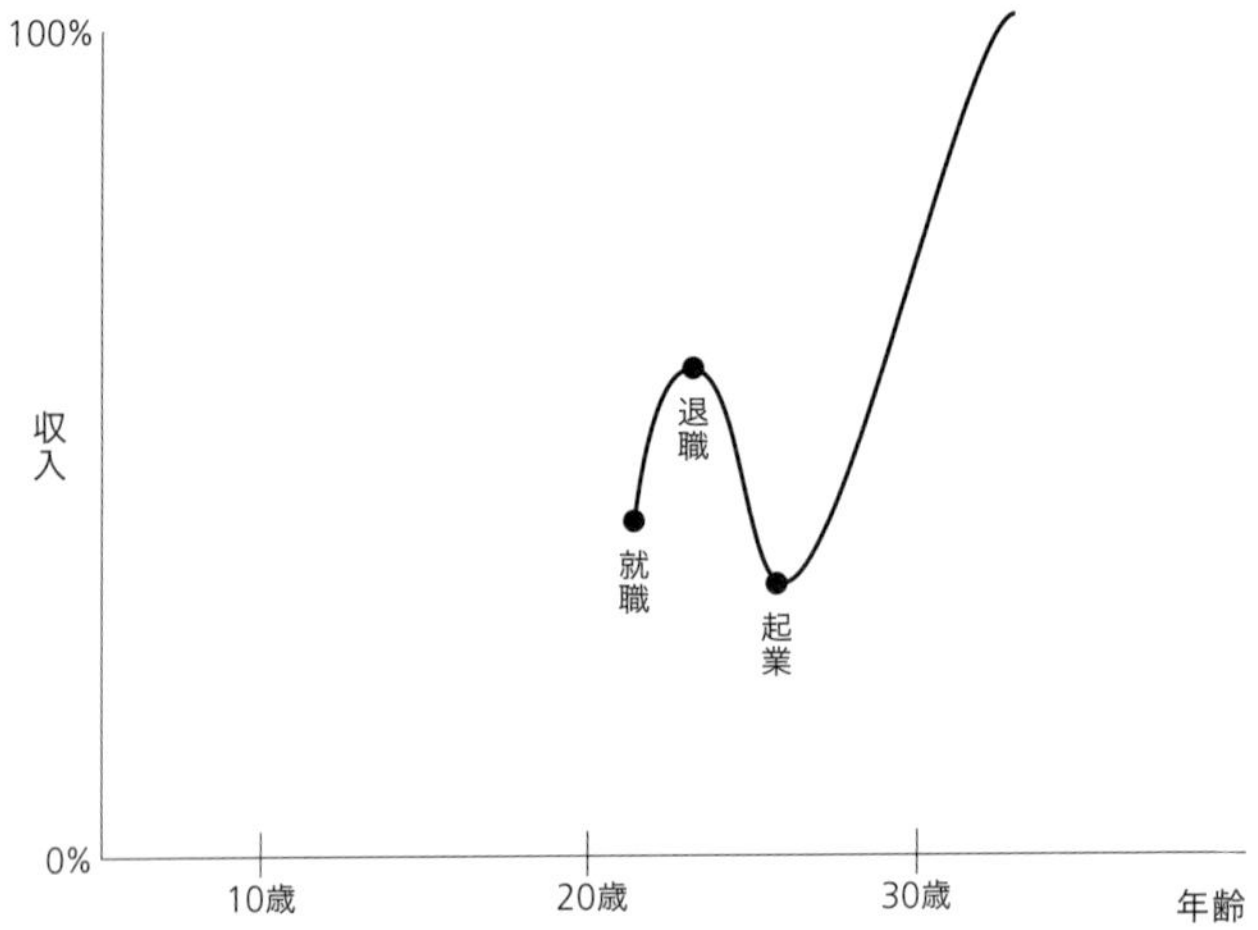

価値を絞って、一点突破する

ベルフェイス株式会社代表取締役CEO
中島一明

中島一明　Kazuaki Nakajima
ベルフェイス代表取締役CEO。高校を中退し、測量会社勤務、キックボクシング、ダイビング、世界一周の旅などをした後、2007年に福岡で株式会社ディーノシステムを創業。2015年にベルフェイス株式会社を設立。

1985年　兵庫県で生まれ、福岡県で育つ
2001年　高校を3カ月で中退し、測量会社に入社
2007年　21歳で最初の会社を起業
　　　　経営者のインタビュー動画「社長.tv」の配信開始
2015年　ベルフェイス株式会社を創業
2023年　銀行、証券会社など3800社以上が電話面談システム「bellFace」を導入

1　アイデアは実現させて初めて価値が出る

会社はまだ大成功と言える状況ではありませんが、自分の人生は大成功だと思っています。なぜなら、今日が楽しいからです。自分が一緒に働きたい人たちと、自分のアイデアの実現にチャレンジできています。結果がどうであれ、目標に向かって仲間と楽しく働けていたら、それはもう人生のワンシーンとして成功だと思うんですよね。

子どもの頃はやんちゃでスポーツが得意でした。6歳上の姉は障害を持っていて、アメリカの研究所による指導を受けていました。姉は、毎朝5キロのマラソンをしたり、私と弟がお菓子を食べていても、食事制限があるから我慢したりしているんです。朝から晩までトレーニングをしている姉の姿を見て、子どもながらに「生きるって大変なんだな」という思いが芽生え、中学生になると哲学、脳、ビジネスの本を読むようになりました。

その中の一冊が、ロバート・キヨサキ著『金持ち父さん 貧乏父さん アメリカの金持ちが教えてくれるお金の哲学』です。この本には、「究極の投資家は事業家である」と書かれていました。確かにマイクロソフトのビル・ゲイツも、アマゾンのジェフ・ベゾスも、株式投資で金持ちになったのではなく、自分で事業を起こしています。それで自分も事業家になろうと決めたんです。そうしたら、途端に学校の教室に座っているのが苦痛になってきて、3カ月でギブアップ。進学校だった高校を1学期でやめました。しかも、「いろいろな本を読んで考えた結果、金持ちになるには学校に行く必要はない」、「自分でビジネスを立ち上げ、成功させたい」、「人と違った考え方ができる人になって目標を達成する」など、わざわざ理由をワープロで打って、先生と母親に提出しているんですよ。それから20年、まだ止まらずに目標に向かっています。

高校をやめた私は、15歳で測量会社の社員になりました。土木工事の現場などで、三脚を立てて距離を測る、測量士補の仕事です。17歳まで働いて貯金して、その後はコールセンターでアルバイトをしたり、バイクで日本を回ったり、宮古島でダイビングをしたり、クラブで歌ったり、キックボクシングの試合に出たり、いろんなことを経験しました。10代は親の許可がないと会社がつくれないので、お金を貯めつつ社会経験を積み、将来どんなビジネスをやるかを模索しました。

19歳の時には世界一周の旅に出て、さらに思考のトレーニングに励みました。旅をしながら毎日1個のビジネスプランを考えて、事業計画書を書いていたんです。実現するためには何をして、何を変える必要があるのか、予想されるトラブルは何かも考え、8カ月に200枚も作成しました。

例えば、2005年3月13日に書いた1枚目は、「デリバリーシステム専門会社」です。飲食店に個人宅へのデリバリーサービスを提供する会社、今で言うウーバーイーツのようなサービスですね。

7月20日、スペインあたりにいた時に書いたのは、「余りスペース買取型　超低料金運送会社」でした。飛行機やトラックの荷物を載せていないスペースを買い取って利用する運送会社です。これも今、実際にビジネスとして実現されています。Airbnbと同じビジネスプランも考えていました。当時の事業計画書は、表現は多少子どもっぽいものの、今見てもそんなにズレていません。ただ、こういうアイデア自体に価値はないんですよ。誰でもポッと思いついたりします。それをどう実現してやりきるかが難しい。そこに価値があるんです。

2　人は自分の経験からしか学べない

東南アジア、中近東、ヨーロッパ、アメリカと、世界一周の旅を終えて20歳で日本に戻り、21歳の時、地元の福岡で初めて起業しました。自分なりに考え抜いて、怖い話の音声コンテンツを携帯電話に配信するビジネスをやろうとしました。しかし、携帯電話会社が「怖い話はニーズがない」と言って採用してくれず、始めて1年がたってもアルバイトでどうにか食べている状態のままでした。

次第に悲しくなって、成功している社長は自分と何が違うのかな、社長の話でも聞いてみようと思い、始めた取材から「社長・tv」[★1]が生まれました。社長にインタビューした1時間くらいの動画を5、6分ずつに分けて編集し、ネットで公開したのです。まず福岡エリア限定で開始し、沖縄から北海道まで、フランチャイズ方式で広げていきました。最終的に約6000社の社長の動画を載せて、一社から毎月2万円くらいの掲載料をいただいていたので、月1億円以上が入ってきました。20代にして年商15億円です。

私自身も800人くらいの経営者にインタビューをしてみて、もちろん参考になるし、刺激も受けました。でも、今では、自分で何かをやってみた経験からしか、人は本当には学べないと実感しています。

「社長・tv」は順調に伸び、社員120人の会社になりましたが、新規事業に投資しすぎたりして立ち行かなくなり、29歳の時に社長を解任されました。7000万円の借金を負い、会社の連帯保証人は外れない

★1　中小企業の経営者を動画で紹介する広告メディア。

までした。

解任の気配は前から察知していたので、その時は即座に動き出せるように準備を始めていました。仲間を集め、解任とほぼ同じタイミングで、2015年、ベルフェイス株式会社を設立しました。スピードは何より大事ですからね。

今度は電話営業を進化させるツールを作りました。これは前職の経験からの着想です。

「社長.tv」は福岡から全国にフランチャイズ展開をしていましたが、各地の営業力が弱かったんですね。遠隔地の営業マンを教育するのは難しいので、福岡にコールセンターを開設して、電話で直接営業する方針に切り替えました。営業電話をガンガンかけまくったおかげで、約6000社を獲得できたわけです。

ただ、本当は2年で1万社を目標にしていました。でも、電話だけの営業に限界があったんです。対面営業の場合は、目を合わせたり、相槌を打ったりして、話しているうちに信頼感が生まれます。資料を見せたり、契約書をその場で書いてもらったりすることもできます。電話は声だけのコミュニケーションなので、そういうことはできません。

かといって、ネットのリテラシーもまだ低い時代ですから、相手にSkypeのようなツールを入れてもらうのもハードルが高い。私はそこにストレスを感じていたので、解決するプロダクトを作れば、きっと世の中の人も喜んでくれると思いました。

そこで2015年、電話営業に特化したツール「bellFace」★2をスタートしました。狙いは当たり、事業は急成長していきました。

3 戦略もプロダクトも「一点突破」する

当社は「bellFace」が市場に定着したことを確信した瞬間に、大規模な広告展開★3と人材の採用を行い、売上を倍増させることができました。その後、コロナ禍で売上が急落した時は、金融業界の個人向け営業にターゲットを絞ることで復活しました。一点突破することは自分の強み

★2 電話で気軽に商品提案～目論見書交付～約定まで完結できる電話面談システム。営業相手に電話をして、SMSでURLを送り、それをクリックしてもらうとオンライン商談がスタートする。音声は電話、画面はオンラインなので、資料や契約書も扱える。相手にアプリやソフトを入れてもらう必要がない。

★3 俳優の照英を起用したヒラメ筋のCMが話題になった。

の一つだと思っています。

これは私が二つの大きな失敗から得た教訓です。一つは、最初の会社で始めた「社長・tv」です。契約数を重視するあまり、掲載する人の幅を広げすぎてしまったんです。語学教室の先生、上場企業の社長、大学の学長など、多様な人が混在していました。載っている社長の中には、営業したいがために載る人もいれば、採用に使う人、市民にアピールする県知事もいました。

結局、提供価値が何なのかが絞れなくて、次のビジネスにつなげられませんでした。幅広く、面で広げるビジネスはかっこいいけど、次の展開がしづらいんです。

もう一つの失敗はコロナ禍で売上を半減させてしまったことです。「bellFace」は法人営業のツールという広いくくりで、全業界向けに提供していました。競合他社がいない時は順調に成長していましたが、コロナ禍でZoom、Microsoft Teamsなどのオンライン会議システムが使われるようになると、一瞬でシェアを奪われました。希望退職を募り、百数十人の社員を減らすことになりました。

後から振り返ると、全業界に向けていたので、業界ごとの課題が特定できていなかったんだと思います。まずニッチな領域でナンバーワンになることが大事だと痛感しました。社内では「1万人のライクよりも100人のラブ」と言っています。多くの人に何となく「いいね」と言われるものではなく、100人でいいから愛されるプロダクトにしないと、本当に強いビジネスは作れません。

そこで、売上半減から脱するために戦略を練り直し、金融業界に特化することにしました。調べてみると、コロナ禍で多くの業種がオンライン会議システムに移行していく中、金融業界には「bellFace」を使い続ける会社が多かったんです。セキュリティの厳しい業界であることも理由の一つだと思います。

最終的には、金融の中でも銀行と証券会社、さらに法人営業ではなく個人営業にフォーカスしました。そこまで絞ったことで我々はナンバーワンを取り、どうにか生き延びることができたんです。

最初から広い面を狙わずに、ニッチな領域でのナンバーワンを積み上げて市場を広げていかないと、ベンチャーは生き残れません。例えば、人事・労務管理のSmartHRさんは全業界向けですが、労務担当の人にターゲットを絞っています。狭いところで愛されるプロダクトになって、一点突破することが何より重要です。これは、ものすごく高い授業料を払って身に染みたことですね。

金融業界への営業はリードタイム[★4]がすごく長く、セキュリティが厳しく、実績がないと受け入れてもらえません。参入障壁がすごく高いんです。ただ、壁が高い分、クリアして導入実績ができると、同じ業界の他の会社に横展開がしやすいんですね。

最初は実績がないのがつらいところですが、金融という堅い業界の中にも、新しいことに取り組んでくれる人、実績がないからこそ価値があると考える人がいるんです。イノベーター層に出会うのは確率なので、出会うまで地道に当たるしかありません。私は、そういう層に出会いに行って、「日本初の取り組みというプレスリリースを出すのは御社です」

★4 プロセスの着手から完了までにかかる時間。

と交渉しました。

そして、ミニマムなものでもいいから、スモールスタートをしてゼロから1をつくり、1を2に、2を3にと少しずつ広げていきました。実績さえできれば、他部門や他の会社の人も安心して導入できます。

実績ができたおかげで、当社のウェブサイトでは「金融シェアナンバーワン」[★5]をうたうことができ、毎月のように銀行、証券会社の導入が増えています。壁の高い業界でいったん選ばれると、導入が加速するというのは王道パターンです。

4 物事を根本から見直す機会をつくる

2015年にベルフェイスを創業してから、コロナ前までの数年間は、売上が毎年2倍、3倍ペースで伸びていました。当時から、120%成長ではなく、200%、300%成長させるというマインドで取り組んでいたんです。

★5 出典：ITR「ITR Market View：SFA／統合型マーケティング支援市場2023」。

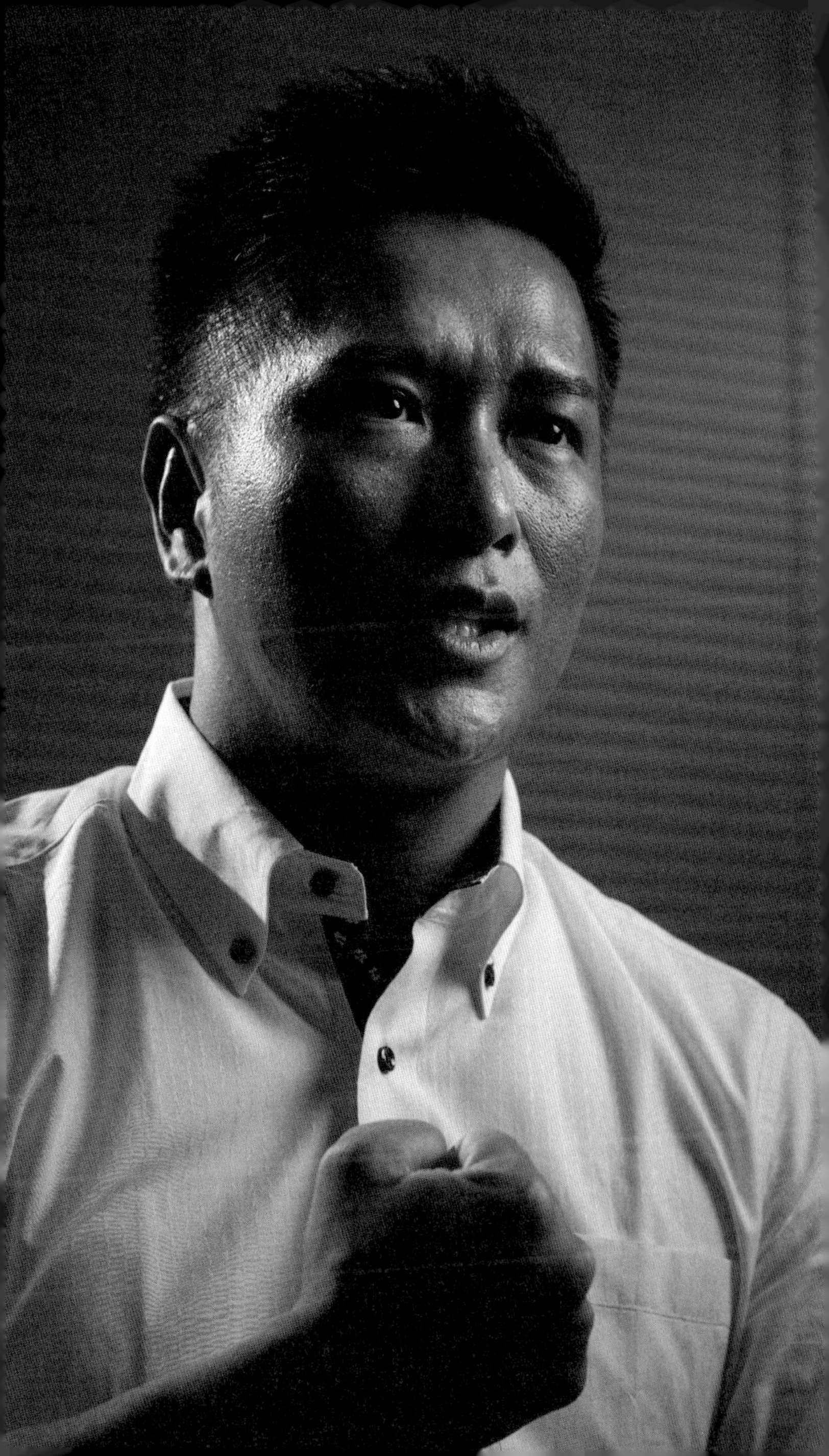

というのは、100を120に伸ばそうとすると、現状からの積み上げで発想しますよね。でも、100を200、300にしようと思ったら、積み上げるだけでは、どうやってもできない。全く違う発想で行くしかありません。そうすると、人間、知恵が出るんですよ。

だから、100から120という連続した成長ではなく、100から200、300という非連続の成長を目指すことによって、物事を根本から見直す機会が生まれます。これは、非常に重要なことだと思っています。

昔、アップルのCMに「Think different.」というコピーがありましたが、私はベルフェイスを創業した頃から、同じ考え方を取り入れています。例えば、10倍のスケールにしたらどうなるか、コストを2分の1にしたらどうか、コストがゼロでやれる方法はないか、と考えてみる。こういう発想の仕方を大事にして、組織の中でも常に発信しています。

5　思いつくまで長時間考え続ける

我々は電話営業の進化版のサービスを提供して市場を確立しました。ただ、仕事の大事な場面では、やはり実際に会って対面で話しますよね。しかし重要な話だから対面でしゃべっているのに、その内容は丸ごと消えてしまって記録に残りません。

当社も今後は対面型の営業を進化させるプロダクト開発に取り組んでいまして、私の予想では、この事業が既存の事業を抜いて伸びていくと思っています。

こういうアイデアを生むコツはシンプルで、長時間、考え続けるだけです。私の学歴は中卒ですし、ＩＱテストの結果も中ぐらいで能力的には普通の人です。だけど、いいアイデアが出るまで、粘り強く考える時間が他の人より長いのだと思います。みんな、すぐに考えるのをやめてしまうんですよね。ポンと思いついたアイデアなんて、たかが知れてるし、事業として形になるものはほとんどありません。

この対面営業のアイデアでは、ゴルフ場で会った社長が、骨伝導で音楽が聞けるメガネをかけていたこともヒントになりました。そういうメガネを商談中に使うことで、商談中にリモートで上司が耳打ちすることもできます。

長い間、諦めずに一つのことを考えていると、いろんなものに触れた時に、脳がアイデアを探しに行ってくれるようになります。私は1個のことを1カ月くらい平気で考え続けています。魔法のメソッドはありません。いいアイデアを思いつくまで、寝ても覚めても考えるのをやめない。それだけです。

6 賭けでも最後は「えいや」で決める

みんなが正しいと言うことは、戦略になりません。「それはやり過ぎだろう」、「そこは踏み込まないほうがいい」というものだからこそ、他社が真似できない戦略になるのであって、平均的な人が集まって、みんなが賛成したものにはあまり価値がないんです。起業家とか創業者が「えいや」と意思決定する意味はそこにあります。

ソフトバンクの孫正義さんはそういうことの連続だったと思います。2006年にボーダフォンを買収した時も、潰れると言われながら携帯電話に参入したから、現在があるんです。

私がコロナ後に、金融業界の個人向け営業に絞ると言った時、周りの人はみんな反対しました。感覚的にフィットしないことや、一点に絞ってそれ以外は捨てるような選択は、なかなか賛同が得られません。しかし、確信が半分しか持てなくて、半分は賭けのようなものだからこそ戦略になりうるんです。社長の自分はそういう意思決定をするべきで、それ以外の決定は、みんながしてくれればいいと思っています。

7　今日やるべきことを一つに絞る

会社で決めている6つのバリューの一つに「Focus（フォーカス）」があります。「今、あなたがやらないといけないことは何か」を常に明確にするということです。仕事が10個あっても、いちばん大事なことは一つです。それなのに大半の人は、いちばん大事ではないことに時間を使って、メールの返信で半日が終わったりしています。

最初にいちばん大事なことに取り掛かり、それに一日の大半の時間をあてるべきで、それ以外はやらなくていい。私はそう考えているし、みんなにもそう言っています。大事なことを一つに絞って、それを徹底してやりきれば、別の景色が見えてきます。経営学者のピーター・ドラッカーもタイムマネジメントの重要性を語っています。

私は2週間に1回、何がいちばん大事な仕事なのかを見直しています。ベンチャー企業では、売上が上がらないと意味がありません。他がすべて100点でも、事業計画を達成できなければ全員のモチベーションが下がります。逆に言うと、それ一点だけできていれば、他が全部未熟でもOKなんです。だからこそ、そこを社長がやらないといけません。放っておくと一日は雑務で埋まるので、自分で意識的に時間を管理したほうがいいんです。

今、新しい事業のプロダクトマネージャーを自らやっていますが、頭の中で描いていたアイデアが形になって、便利な機能をお客様に自慢しに行くのがいちばん楽しいですね。やはり、ものづくりが好きなんです。

地球の裏側の人たちにもプロダクトを使ってもらいたくて、昨年から海外展開を始めました。日本で成功するだけではなく、海外にも戦いに行って成功するというチャレンジを30代のうちにやり遂げたいと思っています。

中島一明の経営哲学7箇条

1　アイデアは実現させて初めて価値が出る
2　人は自分の経験からしか学べない
3　戦略もプロダクトも「一点突破」する
4　物事を根本から見直す機会をつくる
5　思いつくまで長時間考え続ける
6　賭けでも最後は「えいや」で決める
7　今日やるべきことを一つに絞る

人生の幸福曲線

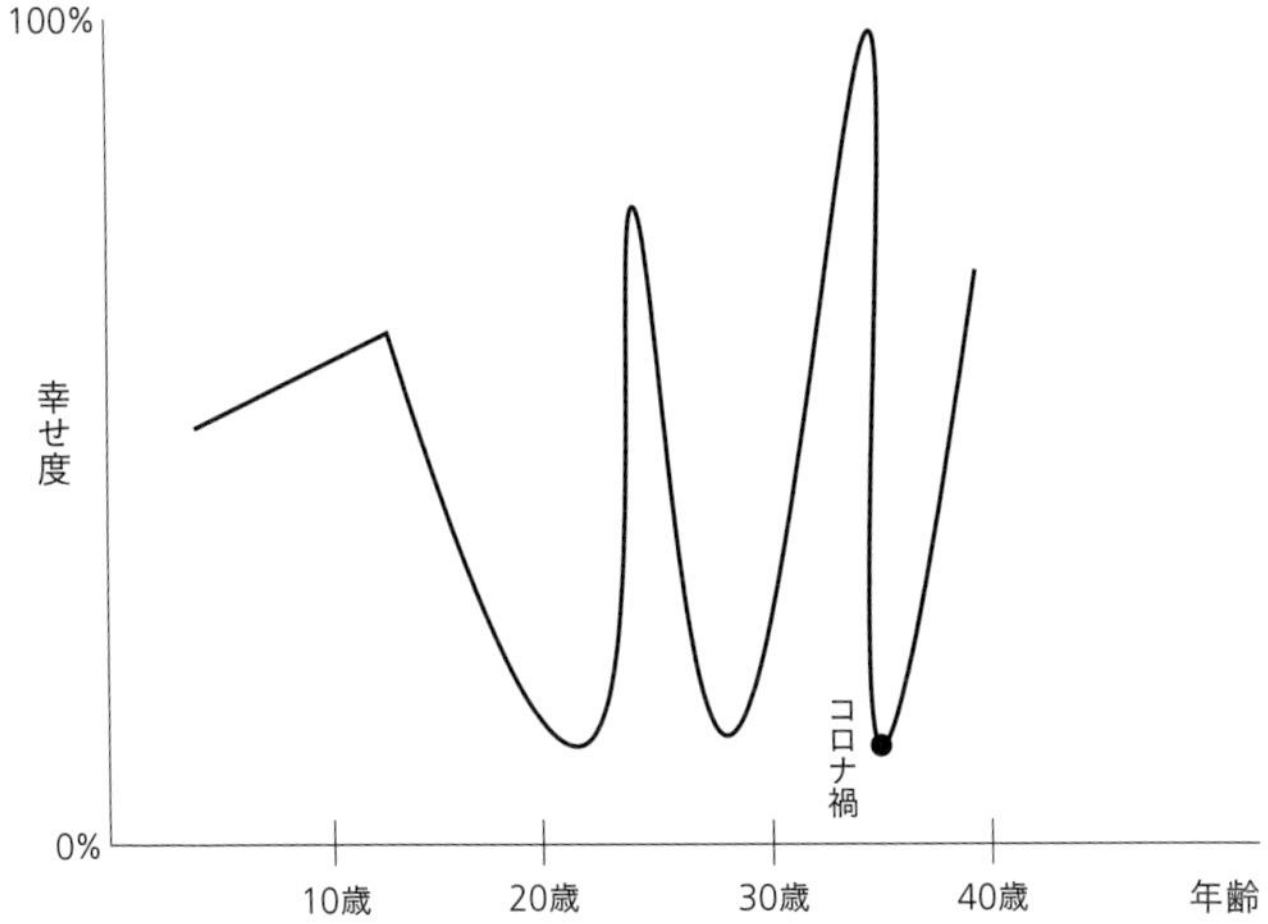

人生の収入曲線

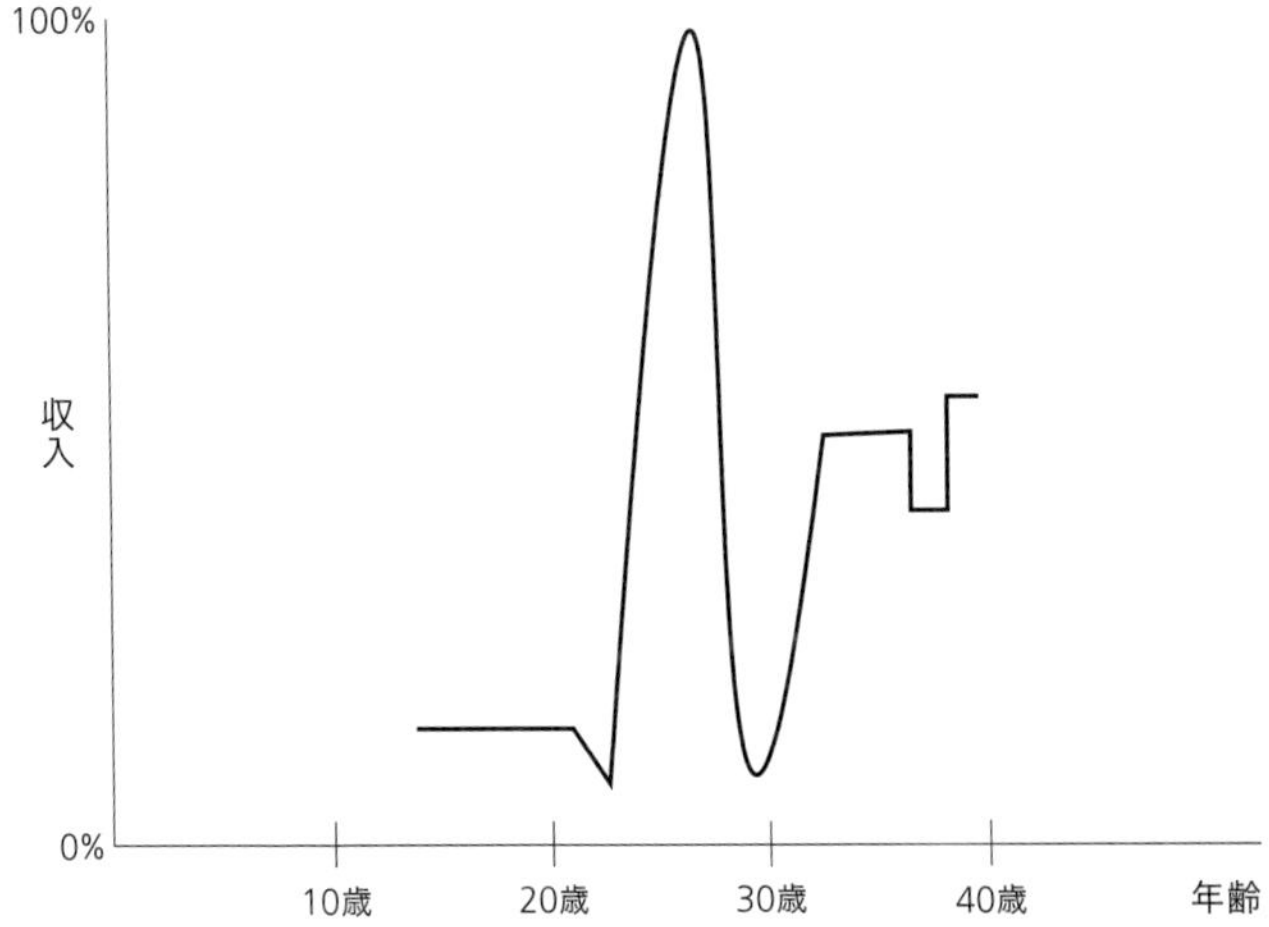

運のよさは自分で引き寄せる

BASE株式会社代表取締役CEO　鶴岡裕太

鶴岡裕太　Yuta Tsuruoka
BASE代表取締役CEO。大学在学中の2012年にネットショップ作成サービス「BASE」を立ち上げ、BASE株式会社を設立。2018年、Forbes JAPANの日本の起業家BEST3に選出される。

1989年　大分県に生まれる
2008年　東京工科大学入学
2010年　大学在学中にCAMPFIREでインターン
2012年　ネットショップ作成サービス「BASE」をリリースし、BASE株式会社を設立
2014年　米国アップル社が注目するデベロッパーに選出
2018年　Forbes JAPAN日本の起業家BEST3に選出
2019年　東京証券取引所マザーズ市場に上場

BASE
The Ennoy
Professional

1　誰もが自分らしく生きられる社会をつくる

学生時代、学校に行かなかった時期があったのですが、インターネットのおかげで、人生を楽しく、豊かにしてもらいました。インターネットの世界では、マイノリティであっても受け入れられる、認めてもらえる感覚があるんです。そして、こうした感覚は、すべての人に起こるべきものだと思うようになりました。

だから、個人が強くなるとか、マイノリティがマジョリティになるとか、マイノリティがありのままで自分らしく生きられる社会をつくるとか、そういうことにインターネットを使うのが楽しいんです。

個人や小さなチームのビジネスをエンパワーメント★1するために、2012年に立ち上げたのが、ネットショップ作成サービスの「BASE」★2です。100億円の売上がある1社と組むより、10万円の売上がある10万人の味方でいたいと思っています。

★1　力を与えること（強くすること）。

★2　BASE株式会社が提供する、国内最大級のネットショップ作成サービス。テンプレートを選んで簡単にサイトを作ることができ、決済機能も使える。ショップ開設数は2023年12月時点で210万を突破。

もともと6歳上の兄がインターネットとかゲームが好きで、その影響で、僕も小さい頃からデジタルの世界に興味を持っていました。大分県大分市の出身なので、大分トリニータの掲示板を見たり、オンラインゲームをしたりして、大分県立情報科学高校ではプログラミングにも触れました。実際にウェブページやサービスを作るようになったのは東京工科大学に入ってからです。

当時、海外のサイトを見るのが好きで、アメリカ発のクラウドファンディングのサイト、「Kickstarter」に注目していました。クラウドファンディングって、インターネットだからこそできることだし、小さな夢もいっぱい載っていて、すごくいいなと思っていたんです。

日本にもCAMPFIREというクラウドファンディングのサイトがあり、創業者の家入一真さんは同じ九州出身で、好きな起業家の一人でした。大学から帰る中央線の車内で、Twitter（現X）を見ていた時にインターンを募集している家入さんのツイートを見つけ、気づいたら応募していました。そこから、CAMPFIREに入って、エンジニアとしてプログラミングをするようになったんです。

大分に帰省した時、婦人服の店をやっている母親から、「ネットショップをつくりたいけど、難しくてお金もかかりそう」と相談されました。インターネットが得意じゃない母親がネットショップを開きたいというのが新鮮で、同じことを考えている人が実はたくさんいるのかもしれないと思いました。それをきっかけに、誰でも簡単にネットショップを始められる「ＢＡＳＥ」というサービスを作ってみたんです。

２０１２年11月に「ＢＡＳＥ」をローンチすると、１カ月で開設ショップ数が１万を突破しました。翌月、家入さんやＣＡＭＰＦＩＲＥに投資している投資家の方の勧めで法人化し、ＢＡＳＥ株式会社[★3]を設立しました。それまでは起業したいなんて全く思っていなくて、とにかく自分が好きなウェブサービスを作るのが楽しい、ただそれだけでした。ですが、ＢＡＳＥが軌道に乗った時、この楽しさを続けるためにはどうしたらいいだろうと考えた結果、いちばんいい選択肢だったのが起業

★３　ネットショップ作成サービス「ＢＡＳＥ」、購入者向けショッピングサービス「Ｐａｙ ＩＤ」、オンライン決済サービス「ＰＡＹ．ＪＰ」の３事業を通じて、個人や小さなチームのビジネスをエンパワーメントする会社。２０１９年10月に東京証券取引所マザーズ（現：東証グロース）市場に上場。

だったんです。

当時は家入さん、サイバーエージェントの藤田晋さん、グリーの田中良和さんのように、インターネット界隈で有名な方たちの周りにいさせてもらったので、「鶴岡が何か作ったらしいよ」みたいなノリでみなさんが面白がってシェアしてくれてＢＡＳＥが広まっていきました。

そういうインターネットのコミュニティにどっぷり浸かっていたので、起業をリスクと感じる場面はあまりなかったんです。応援してくれる人がいたし、起業することによって好きな仕事で生きていけるし、最悪の場合は大学に戻ればいい。マイナスなことを言う人もいなくて、起業して問題ないよね、という楽観的な空気でした。

2　組織の規模に合った方法で情報を伝達する

僕は22歳の時に一人で起業し、初めはプログラミングのコードも自分で書いていました。起業した翌月くらいには、ひょんなことから第1号の社員が加わりました。なぜかというと、Twitter（現X）で、「BASE」のサイトを勝手にスクレーピング★4してショッピングモールみたいなものを作っている人がいたんです。こちらのサーバーに負担がかかるし、よくないことをやっているので、「それはやめてもらって、こっちに来てやってもらえませんか？」と連絡したところ、彼はすぐにオフィスに来てくれて、そのまま入社してもらうことになって。一緒に働いてみたら、同年代のめちゃくちゃいい人でした。その後は主にSNSでメンバーを募集しました。

僕は「オレについてこい」というタイプではなく、むしろ、「助けてあげないといけない」と思われるタイプだと思います。上下関係になるより、みんなでプロダクトをフラットに作っているほうが好きだったので、経営者と従業員という関係性ができていく寂しさを感じつつも、社員は少しずつ増えていきました。

ところが、50人くらいの規模になった2016年頃、社員が次々にや

★4　ウェブサイトから情報を自動的に収集すること。

めていったんです。僕は経営者として会社を成長させるのに精一杯で、現場でプロダクトを企画・開発しているメンバーとの間に、いつのまにか距離ができていました。会社全体が見えていなかったんです。

それまで組織の運営について意識したことはなかったし、経験も知識もありません。本来は人が増えたら情報の伝達方法も変えないといけないのに、社員が数名だった時と同じやり方をしていました。口に出さなくても伝わってるよね、と思っていたんです。創業期からずっと助けてもらっていたメンバーもやめていき、すごくきつい時期でした。

しかし、すべて自分の責任なので、改善するしかありません。正直なところ、起業してから、世の中でスタートアップが落ちると言われている落とし穴には全部落ちていると思います。ただ、そこからどうやって抜け出すかを相談できる人がいつも周りにいてくれたんです。もちろん、事前に「こういう落とし穴があるよ」と教えてくれるときもあるんですけど、自分自身が経験していないので、かわすのは難しいんですよね。

この時は株主の方たちに相談して、いろいろなアイデアをいただき、組織の人数に見合ったコミュニケーション方法に変えたり、言語化できるものはして、会社のミッションや行動指針を作ったりして、その後も会社の規模は拡大していきました。

3　運のよさは自分で引き寄せる

いろいろな方にアドバイスをいただいてきましたが、10個のうち10個とも自分に刺さるということは、なかなかありません。なので、ひたすら多くのアドバイスをもらえるように心がけてきました。どのアドバイスを実行するかは、持ち帰ってから自分で考えればいいんです。10個とか100個のうち1個でも生かせればいいと思います。

事業がうまくいっている人、人生経験を積んだ人の言葉は重いですよね。「この人のアドバイスは自分と合わないから、もう話さなくていいや」ではなくて、別の角度から聞いてみるとか、いろんなアドバイスがもらえるようなコミュニケーションをしています。

僕の場合は、周りの人が自分を肯定してくれたこと自体も、すごくいいアドバイスになりました。スタートアップはベンチャー・キャピタルに投資してもらうのが普通ですが、僕は好きな人たちと一緒にいたくて、自分がリスペクトしている人たちに投資してほしかったんです。結局、そうそうたる経営者の方々が投資してくださり、メンターになってくれました。否定されることはほぼなくて、「それでいいんじゃない」と背中を押してくれることのほうが多かったです。そうした方たちの生き方を見習えるのはすごくいいことだし、信じてもらえたのが大きかったですね。

成功している経営者はすごく運のいい人たちだと思うんです。見ていると、人生が変わるような運のよさを自分で引き寄せている感じがするんですね。常に周りに気を配り、いろいろな人に信頼されているから、運のよさが偶然ではなく必然的に訪れているんです。

紹介された人のおかげで人生が変わったとか、あの人に教えてもらった場所に行ったら運が開けたというのは、それまでの人間関係があってのことです。僕はよく、家入さんや藤田さんが近くにいて運がいいね、と言われるんですけど、家入さんの下で頑張って働いて信頼してもらえたから、家入さんは僕を藤田さんに紹介してくれたのだと思います。自分のやってきたことが、5年後、10年後に運として回ってくるみたいな感覚です。

縁を大切にするとか、万人に喜ばれる事業をするといったスタンスは、先輩方を見習うようにしています。いろんな運を引き寄せないと夢は叶えられません。小さな運も逃さないのは、経営者のみなさんに共通しているところです。

4　悩みを相対化して楽観的にとらえる

創業した時は、個人やスモールチームがネットショップを作るなんて、みんな想像していなかったと思いますが、僕はそうなると信じていました。今もインターネットのポテンシャルを楽観的に見ています。未来を楽観的にとらえられれば、勇気ある選択がしやすくなるからです。

インターネットもＡＩもまだまだ発展すると思いますが、短期的変化の期待値が高すぎて、中長期的な変化の期待値が低すぎる気がしています。中長期的な進化を信じた上で、プロダクトを作り続けることが大事です。

ＡＩは、世の中を劇的にいい方向に変えると思います。もちろん現在の仕事がなくなるという面もありますが、それを上回るぐらい、今までできなかった仕事ができるようになるし、時間も生まれます。ＳＮＳもこれだけ発達すると誹謗中傷の問題がフォーカスされますけど、得ているメリットのほうが何倍も大きく、例えば、ＳＮＳの力を利用して民主主義が実現した国もあります。見る角度によっては悲観視もできるけれど、きっとＡＩが社会をいい方向に連れていってくれると思っています。

個人の悩みも視点を変えると少し違って見えてきます。例えば、僕の母親が１００万円の売上で悩んでいて、ソフトバンクの孫正義さんは

100兆円の売上で悩んでいるとします。孫さんの悩みのほうがずっと大きいように見えますが、本人からしてみれば、意外とそこまで抱えている悩みの重さの感覚は変わらないんじゃないかと思うんです。

社員が次々にやめていった時、僕はまず、これは自分だけに振りかかっている課題ではなく、誰にでも起こりうる問題だと認識するようにしました。自分だけが悩んでいると思うと、どんどんバッドな思考に入っていってしまうからです。その上で、何をしたら挽回できるのか、周りの人に手伝ってもらいながら探っていきました。

悩みを相対化して、自分だけが人生で特段つらい目にあっているわけじゃない、「みんながつらいなら、僕はつらくない」と楽観的に考えてみることが大事だと思います。

5　感情の起伏を翌日に持ち越さない

一日の生活のスケジュールは、もう10年くらい同じルーティンをくり返しています。

朝は9時か10時からミーティングなので、その1時間前に起きてシャワーを浴びて目を覚まします。理想は8時間睡眠です。そのくらい寝ると、頭が冴えている感じがします。

ミーティングはお昼過ぎに終えて、午後はフリーの時間をつくるようにしています。5年後、10年後のことを考えたいからです。何かを調べたり、人に会いに行ったり、最近はふらっとAIの話を聞きに行ったりしています。

夜は何時に帰宅しても絶対に湯船に浸かります。湯船の中でやることがあるからです。スマホでその日のKPI★5、メール、Slack★6、スケジュールを見て、必要なものには返事をします。どの順番で何を開くかも決まっています。全部終わったらインターネットを見て、お風呂から上がったら炭酸水を飲んで寝ます。

一日にはいろんな感情の起伏があります。悲しい日も、楽しい日も、その日でちゃんと終わらせて、前日のメンタルを翌日に持ち越したくな

★5　企業などの組織において、目標を達成するための業績評価の重要な指標。

★6　ビジネスで使われることが多い、チームのコミュニケーションツール。

BASE

いんです。お風呂で一日の終わりと始まりを一つにしておけば、いつもフラットに同じ毎日を過ごせます。経営はマラソンみたいなもので、超長距離走だから、短期的な感情の起伏は消したほうがいい。株式を上場した日も、忙しい一日だったけれど、同じことをしていたと思います。

昨年からようやく組織の権限移譲も進み、時間ができて1、2週間の連休を取れるようになりました。僕以外の経営陣も長期休暇をちゃんと取ろうと話しています。昨年は株主総会の翌日から休みをもらってパリに行きました。楽しかったし、得るものが大きかったですね。ファッションが好きなので、デザイナーさんに会ったり、ルイ・ヴィトンとかシャネルのようなビッグメゾンを見たりしました。ちょうどパリコレのシーズンでした。モエ・ヘネシー・ルイ・ヴィトン（LVMH）グループが運営するホテルにも泊まり、グループが社会にもたらす影響、財団の取り組みなどに現地で触れることができて、すごく勉強になりました。

6　人のやらないことを速くやる

「ＢＡＳＥ」を始めた時、大手のネットショッピングモールはすでにありましたが、競合する無料のネットショップ作成サービスはあまりありませんでした。スタートアップが持っている武器は限られていて、スピードの速さと、リスクを取れるという点に尽きます。ものすごく質の高いものを作るとか、精度を高くするみたいなことでは、どう考えても大企業に勝てないので、誰よりも速くやるとか、人のやらないことをやるのがスタートアップの生存戦略になります。

事業を続けていけるのは、ユーザーさんに喜んでもらえる状況が好きだからです。ユーザーさんの人生がステップアップしたり、次のステージに進んだりして、僕たちのサービスを使ってエンパワーメントされているのが実感できることが原動力になります。

例えば、「ＢＡＳＥ」を使っている若いデザイナーさんがパリでコレクションを開くとか、「ＢＡＳＥ」でネットショップを始めた人がリアルのショップを開店するとか、テレビで取り上げられることもあります。その人の人生がステップアップしていく中で、１ミリでも「ＢＡＳＥ」が関われていればいいなと感じています。

創業者がやりたいことだけを実現するチームには、そもそもあんまり人も来たくないだろうと思っていて、会社として社会にどういうものを提供するかのほうが大事だと思っています。もちろん、この会社は僕がやりたいことが軸にはなっていますけど、なぜ自分たちが存在しているのかを実感するのはすごく大切だし、僕自身も社会にどう役立っているのかがわからないと、長く頑張ることはできません。

7　会社が目指すことを言語化して共通認識を持つ

今の起業家とか営利企業に求められているのは、社会をよくすることだと思っています。業績はもちろん大事ですが、自社の利益だけではなく、社会の一員として全体のことを考えることも大事です。「うちは儲かったけど、世の中がよくなったかどうかはわからない」という経営者は、もはや社会から応援されなくなってきています。

僕たちは企業ミッションとして「Payment to the People, Power to the People（決済を民主化して、誰もがアクセスできるようにすることで人々を強くする）」を目指しています。なぜこのミッションを追いかけるのか、根底にある考え方を明確にしたくて、創業10年を迎えた2022年に、「We are All Owners」というFoundation（根底の想い）を定めました。これは「私たちはみんな自分の人生のオーナーである」という意味です。世界中の人が自分軸で生きていけるようにするために、BASEは企業ミッションを実現するんです。

自分の生まれた場所とか環境によって人生のオプションが変化するのはナンセンスで、誰もが自分らしく生きられるのが当たり前の社会をつくりたいと考えています。短所が長所になるとか、ハンディキャップと呼ばれていたものがメリットに変わるとか、そういう瞬間をいくつつつくれるかが社会としては大事だと思います。

中長期でプロダクトを作っていくとき、自分たちが何をしていて、なぜそれをしているのかを意識することは大切です。根底にある考え方を言語化して共有することによって、短期ではなく中長期目線で時間軸の共通認識を持つことができ、メンバーに納得感が出て、ミッションの浸透度が上がります。すると、日頃のコミュニケーションがより円滑になるんです。

足元の利益だけではなく、ミッションを達成することが社会のためになる。そこに近づくには「ＢＡＳＥ」というプロダクトを作り続けることだと思っています。

鶴岡裕太の経営哲学7箇条

1 誰もが自分らしく生きられる社会をつくる
2 組織の規模に合った方法で情報を伝達する
3 運のよさは自分で引き寄せる
4 悩みを相対化して楽観的にとらえる
5 感情の起伏を翌日に持ち越さない
6 人のやらないことを速くやる
7 会社が目指すことを言語化して共通認識を持つ

人生の幸福曲線

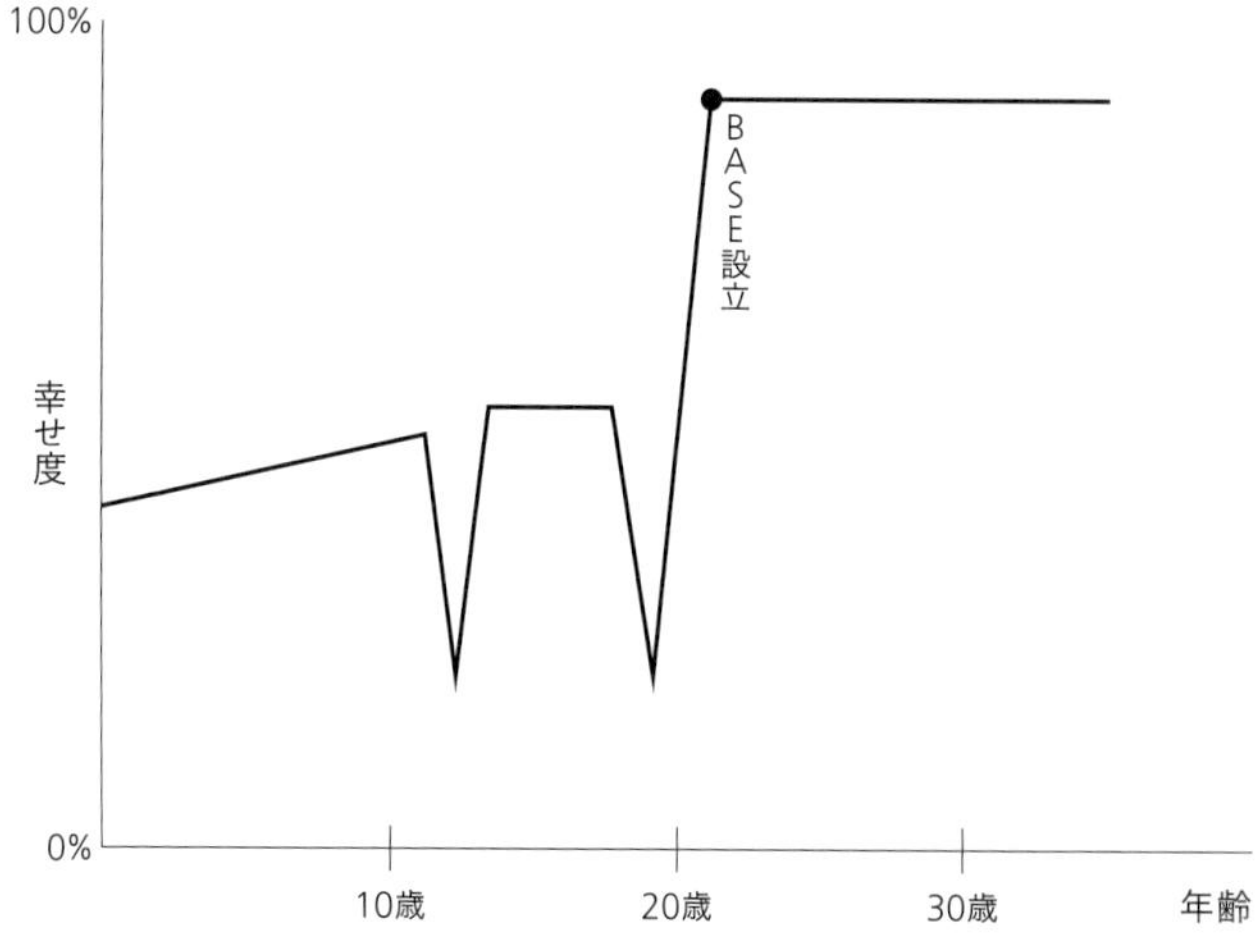

人生の収入曲線

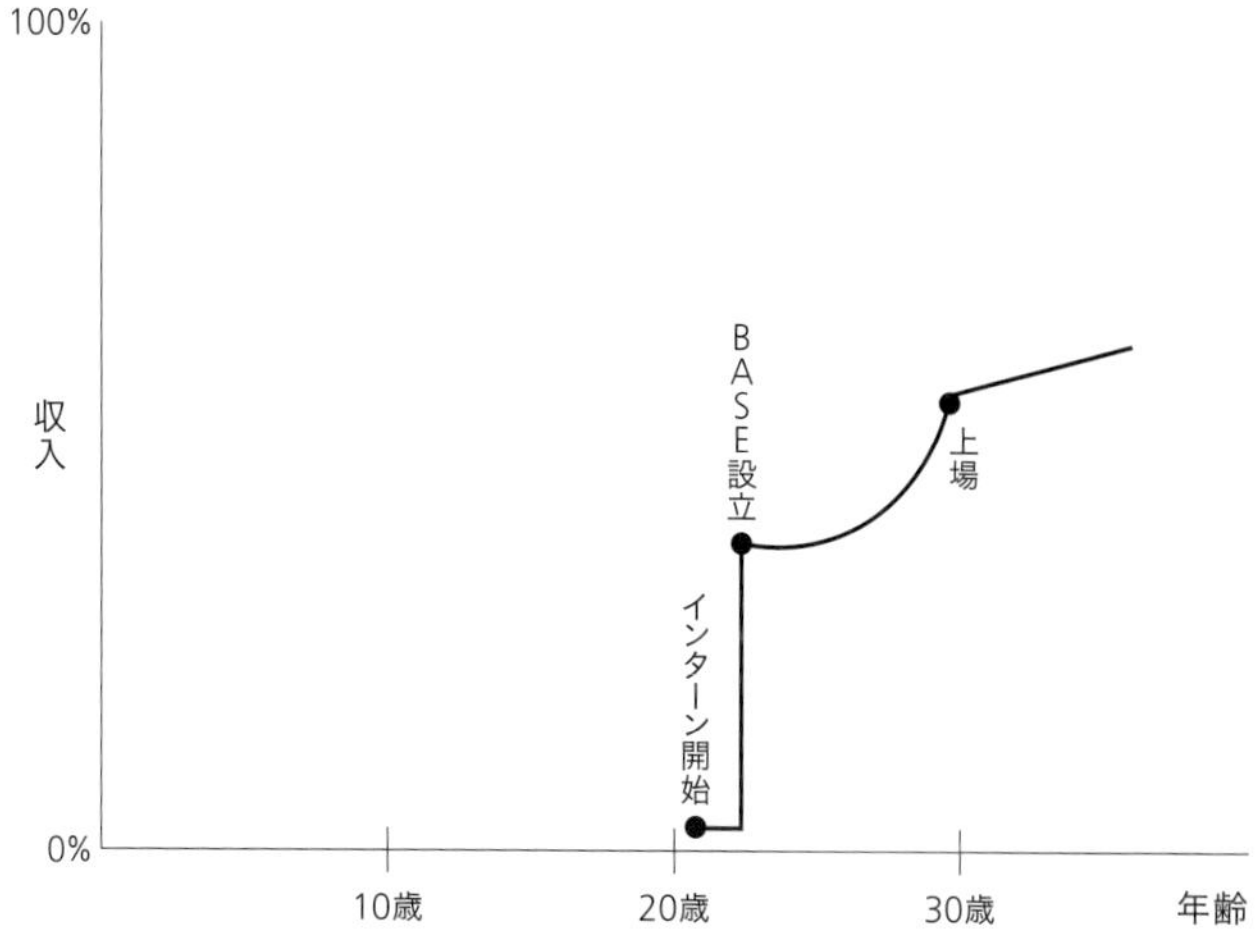

還元

最先端の研究や技術を
社会とつなぐ仕組みをつくる哲学

起業でも研究でも、教科書なんか読む必要はない

株式会社HIROTSUバイオサイエンス代表取締役
広津崇亮

広津崇亮　Takaaki Hirotsu
HIROTSUバイオサイエンス代表取締役。東京大学大学院理学系研究科生物化学専攻修士課程を修了し、サントリーに1年勤務した後、大学院に戻り、博士課程を修了。九州大学助教時代の2016年にHIROTSUバイオサイエンスを設立した。

1972年　山口県に生まれる
1997年　東京大学大学院修士課程修了、サントリー入社
2000年　線虫の嗅覚の研究が科学誌『ネイチャー』に掲載
2001年　東京大学大学院博士課程修了、博士（理学）
2005年　九州大学大学院理学研究院生物科学部門助教
2016年　HIROTSUバイオサイエンスを設立
2020年　世界初の線虫がん検査「N-NOSE®」実用化
2023年　WHO財団などが設立したファンドと提携

1 リスクがないところに成功はない

最初は会社をつくろうなんて、全然思っていなかったんです。大学の理学部でずっと基礎研究をしていたので、ビジネスのことは全く知りませんでした。

始まりは、九州大学で助教をしていた時のことです。体長1ミリほどの線虫[★1]が、がんの匂いに引き寄せられることを発見しました。この性質を利用すれば、人間の尿1滴で、全身にがんがあるかどうかを検査することができます。

テレビに取り上げられ、最初は企業と組んで、がん検査を実用化しようとしましたが、うまく行きませんでした。大学の中にいると、産学連携が機能していない例をよく見るんですよね。それに、科学者としては安価な検査にしたいのに、企業に任せると1回10万円のような高額な検査になってしまう可能性もあります。やはり発明者の自分が会社をつ

★1 末線形動物門に属する動物の総称。細長い形をしている。多くの種類が、成虫でも長さは1ミリ程度と小さく、肉眼では見ることが難しい動物。

くって実用化したほうがいいと思うようになりました。

ただ、周りの人から、大学教員は社長に向かないと助言されたので、若い人に社長をやってもらい、私が技術担当になって、2015年に会社を立ち上げました。ところが、資金が1円も集まらなかったんです。会社は1年で畳むことになりました。事業計画の立て方に問題があったのだと思います。

翌2016年、今度は私が社長になり、知人に紹介された経理財務、プロモーションの担当者と3人で、新たに[★2]HIROTSUバイオサイエンスを創業しました。

最初の1年間は、九州大学の助教と兼業していました。将来グローバルに出ていく技術だから拠点は東京のほうがいいと言われ、東京に会社を設立したので、東京と福岡の往復で、スーツケースの持ちすぎで手が腱鞘炎になりました。

結局、両方の仕事を100%やるのはかなり無理があることがわかってきて、どちらかをやめることにしました。普通は大学の先生に残る人

★2　嗅覚に優れた線虫が、がんの匂いに引き寄せられる性質を利用した、がん検査である「N-NOSE®(エヌノーズ)」を提供。尿1滴で全身のがんのリスクを調べることができる。2016年に創業し、5年半で時価総額1000億円を突破したユニコーン企業。

が多いと思うんですけど、私はこの技術を何としても実用化したかったんです。安くていい検査になる可能性のある技術です。もしかしたら世の中の人にとって大きな意味があるかもしれません。せっかく発明した技術を死なせてしまうのは絶対にダメだと思っていました。

しかし、実用化を成功させるには、誰かがリスクを負わないといけません。日本人はゼロリスクが好きですが、それでは成功できません。リスクがないところに成功はないと思います。では、誰がリスクを背負うかといったら、明らかに私しかいないので、大学の教員をやめることに決めました。

唯一の壁が、妻への説明でした。めちゃくちゃ怖かったです。今まで、大学で楽しくないことがあって「やめようかな」と言うたびに、「離婚ね」と返されていたからです。ところが今回は、会社の仕事をしている時は顔が輝いているから、そっちをやったほうがいいと賛成してくれて、ホッとしました。

それまでの私の人生は、進学校から東京大学へと敷かれたレールの上を走っている期間が長かったので、大きなリスクを負うのは初めての経験でした。

2 資金調達はベンチャー・キャピタルに頼らない

ベンチャー企業は普通、ベンチャー・キャピタル[★3]から資金を調達しますが、私はちょっとやり方を変えて、ベンチャー・キャピタルからは基本的にお金を入れない決断をしました。なぜかというと、自分の方針と合致しない面があることがわかったからです。

もちろん最初はベンチャー・キャピタルとも話をしていました。彼らは株式を上場しないと意味がないので、一つのプロダクトを作るための一つの研究を、余計な費用をかけずに最短の時間でやることを求めてきます。

しかし、研究というのは一本道ではなく、「こういう証明も必要です」とか、「このほうが信頼性は高まります」というように、道がいくつも

★3　未上場のベンチャー企業に出資して株式を取得し、将来的にその企業が上場した際に株式を売却し、大きな値上がり益の獲得を目指す投資会社や投資ファンドのこと。

分かれています。私はそういう一本道ではない研究がしたかったのですが、彼らの要求通りにすると研究範囲が狭まってしまいます。それはプロダクトにとっても良くないと思いました。

ただ、ベンチャー・キャピタルから調達しないことを決断したために、資金集めは余計につらいものになりました。ベンチャー・キャピタルの場合は、一つが出資すると他のところが続いてくれますが、それがありません。そもそもリスクのあるスタートアップに資金を入れられるのはベンチャー・キャピタルくらいで、事業会社が出資してくれるのは、実用化が見えてきた、もっと後の段階です。

そこまでの研究費をどう調達するかを考え、銀行から3000万円ずつ借りたり、あちこちから少しずつかき集めたりしました。自分で資料を作り、ものすごい数のプレゼンテーションをした結果、多くの企業や個人が出資してくれました。その数は、現在では約70に上り、数の多さでは、もしかしたら日本一かもしれません。

当時は集めたお金で研究者を採用し、実用化レベルまで一気に高めて、事業会社から十数億円を入れてもらいました。でも、実は私は残高を見ては、「おお、危ない！」と一人でドキドキしていたんです。

大企業は普通、出資するまでに半年くらいかかります。そこで作戦を練り、いくつかの企業に同時に話をしたら1週間で話が通って、8社くらいがどーんとお金を入れてくれました。ドキドキしながらも、行けるという自信はありました。こういうときは勇気も必要だと思います。

3　起業でも研究でも「教科書」は読まなくていい

会社を設立する時、本当は起業の仕方とか事業計画の立て方の「教科書」を読まなくちゃいけなかったんですけど、自分が正しいと思うやり方をしようと思って読みませんでした。読んでいたら、ベンチャー・キャピタルから資金を調達していたかもしれません。

事業計画も自分なりの方法で作りました。線虫を使ったがん検査をどう位置付ければいいのかを考え、世の中にどんながん検査があるのか、どういう順番で受けるのが効率的なのかを調べていきました。すると、精密検査に近い検査はたくさんあるんですけど、健康な人が受ける、入口の検査がないんです。大腸がん検査、胃がん検査などを別々に受けに行くのは面倒ですよね。全身にがんがないかどうか網羅的に調べて、リスクがあると言われたら、個別の検査を受けたほうが効率的です。

その入口の検査は、安くて、精度が高くて、全身網羅的で、簡便なものが求められますが、条件が多すぎて、今までは作れなかったんです。生物である線虫を使ったがん検査は、この条件に当てはまる唯一の検査です。線虫を使うから安くできること、入口の検査はライバルがいないこと、健康な人全員が対象だから市場がものすごくでかいことを説明すると、みなさんの目の色が変わって、お金が集まりやすくなりました。

こうして2020年に線虫がん検査「N-NOSE®」[★4]を実用化することができました。

私が「教科書」を読まないのは、学生の頃からです。大学生、大学院生は教授から論文を読めと言われて、大御所の研究者の論文を読みます。

★4　HIROTSUバイオサイエンスのがん検査。利用者は累計50万人以上。採用している法人は2000社を超える。ネット販売が6割を占める。

それが頭に入っているので、自分の実験で大御所の論文と違う結果が出たら、自分が間違っていると思ってしまうんですね。もしかしたら大発見かもしれないのに、その可能性を捨ててしまうわけです。

これでは物事をフェアに見ることはできないと思い、学生時代から大御所の論文や教科書はなるべく読まないようにしてきました。まず自分が実験してみて、結果が出た後に読むんです。それでよかったと実感したのが、大学院の博士課程の時でした。

私は大学院の修士課程まで線虫の研究をして、サントリーに就職してお茶の商品開発を担当した後、また大学院に戻って博士課程で線虫の嗅覚の研究を始めました。この分野には、ノーベル賞を取ると言われている、大御所の研究者がアメリカにいるんです。世界中のこの分野の研究者は、全員その人のお弟子さんみたいな、でっかい存在なんですよ。

そんな人たちに日本の大学院生が一人で立ち向かうわけですから、同じことをしてもしょうがない。彼らがしないことは何だろうと、ずっと一人で考えていました。彼らの解析方法を見せてもらったことがあるのですが、日本人と違って、ちょっと雑なんです。雑な解析方法で何がわかるかというと、線虫の嗅覚に強く関わっている因子を見つけることができます。でも、繊細な解析はできないんですね。そこで、私が繊細な解析手法を立ち上げたら、彼らには見つけられないような、嗅覚に関わる因子を見つけることができました。

しかも、その因子は、がん遺伝子だったんです。がん遺伝子が線虫の嗅覚で活性化するなんて、誰も思っていませんでした。がんの匂いはそんなに強くなくて微妙なものなので、大御所たちには見つけられなかったと思います。その論文は2000年に英国の科学誌『ネイチャー』に掲載されました。

こうした経験から、論文や教科書を読んでからやるのではなく、やってから読むほうがいいと思うようになりました。そのほうが実験結果をフェアに判断できます。もちろん、研究には失敗も、大発見じゃないこともいっぱいありますけど、「これは大発見かもしれない！」と思うより前に、その可能性が取り除かれてしまうことはなくなります。みんなが「そんなわけはない」と思っている新発見だからこそ、『ネイチャー』に掲載されたのです。

しかし、もし大御所の研究室に行っていたら、今頃は偉い先生になっていたかもしれません。社長にはなっていなかったでしょうね。

4 ビジネスも研究もスピードが大事

科学誌『ネイチャー』に送った論文は、掲載されるまでに1年くらいかかりました。その間は怖くてずっとドキドキしていました。画期的な研究は発想が勝負です。世界のどこかで誰かが自分と同じことに気づいていたらどうしよう、と思っていました。研究は最初に発見しないと価値がなくて、二番目では論文として認められません。スピードが大事なんです。

ある日、研究室に行くと、『ネイチャー』から採択されたというファクシミリが届いていて、ようやくホッとしました。私より指導教官のほうが喜んでいました。

スピードは経営者にも大事な要素です。私は早く決断することを常に念頭に置いています。早く決断してあげないと下が動けません。決断するのが怖い人も多いと思いますが、私は怖くないんです。なぜなら自分がいちばんよく知っていると思っているからです。大成功している社長さんには、技術を知っている人が多いですよね。技術を知っていることは大きくて、そこがわからないと自信を持って決断できません。

私の場合は自分で発明した技術だから根幹のところがわかっているし、起業の時から事業計画書を自分で書き、お金集めもして、すべてを理解しています。この会社で誰がいちばん正しい判断をする可能性が高いかといったら自分なので、それなら早く決断したほうがいいですよね。自分がいちばんよく知っているから、迷わないし、決断が早いんです。

社長が一人で三役、四役できると、他の会社とはスピード感が違ってきます。投資家へのプレゼンには、社長の他に財務や技術の担当者が同行することが多いと思いますが、私は今でもパソコンを持って一人で行っています。社長と財務の意見が食い違うこともなく、私一人の決断がすべてだと思えると投資家も安心し、事業がスピードアップします。

5　鶴の一声は最後の手段にとっておく

研究者だった時は一人で研究をしていればよかったし、研究室を持ってからも数人の学生とやりとりをするくらいでしたが、会社では組織や人事についても考えなくてはなりません。最初は3人で会社を立ち上げて、社員が10人くらいになるまでは一人一人と向き合うことができました。そういう中で組織づくりを学んでいきました。

現在は約170人の社員がいるので、全員と直に話し合う機会は少なくなり、主に中間管理職とやりとりしています。社員の採用も理想の組織づくりも難しいですが、どういう会社にしたいのか、ということは強く持っておいたほうがいいと思います。

私が一つ決めているのは、鶴の一声をなるべく使わない、ということ

です。俺が決めたから、という高圧的な言い方はしないで、聞くべきことには耳を傾け、みんなが納得するような形で伝えるようにしています。社員の中には、私が一言言ってくれれば解決するのに、と思う人がいるかもしれませんが、何かあったときは自分から社員のほうに下りていって事実を確かめ、正しい情報をもとに判断します。すぐに鶴の一声を使ってしまうと、だんだん効き目がなくなってくるんですよ。肝心なときとか、こうすべきだと強く思ったときは、周りが反対しても言いますけど、基本的には使わないように戒めています。

6　組織を俯瞰して、人間を生物学的に観察する

もともと社長が見ている景色は、社員が下から見ている景色とは違います。大事なのは俯瞰して見ることです。例えば、何かを決めるなら、自分の持っている情報だけではなく、社員からも情報を得てから決断します。そのとき、この分野はこの人が詳しいけど、この点に関しては少

し偏見が入る、というように、誰に聞けば正しい情報が入るかを認識して聞いているつもりです。

これは社長になってから面白いなと思っているところでもあります。社員の性格は一人一人違いますよね。生物学者だったからなのか、人間を観察して、やりとりをした上で、それぞれの問題に適した人に話を聞くようにします。いろいろなところから正しい情報を得て判断すれば間違えません。

社員が全員線虫だったら簡単なんですけど、人間には感情も思惑もあって、ものすごくややこしいんですよ。同じレベルにいると見えないことがありますが、社長は社員同士の人間関係の外にいるので、冷静に見ることができます。社長は少し上から、みんなとは違う観点で俯瞰すると、正しい判断ができると思います。

7 ポジティブに考えるとスピードも速くなる

現在は東南アジア、アメリカなどで海外展開を進めています。先日、アメリカに行ってきましたけど、スピードがものすごく速いんですよ。それは物事をポジティブに考えるからだと思います。彼らはいいと思ったら、「やろうよ」、「壁があっても乗り越えようぜ」という話になるんですね。私に対しても、「すごい発見だね」、「おめでとう」と素直にほめてくれて、ものすごく楽しいわけです。日本の会議ではなぜか、こういうところが難しいとか、ネガティブなことばかり言ってくる人が多いんですよね。

2023年からは、すい臓をはじめ、どこのがんなのかを特定できる検査を増やしています。さらに同年、WHO財団などが設立したファンドと提携[★5]しました。WHOと組んで、我々のがん検査を低中所得国に広げていくことが長期的な目標です。これは科学者としての夢を叶える第一歩かもしれません。会社の最終的なゴールは、全世界の人に使ってもらうことです。

講演会に行くと、「がんの早期発見ができました」とお礼を言われる

★5　2003年6月、WHO財団などが設立したファンド、Global Health Equity Fundと「N-NOSE®」海外展開に関する覚書を締結した。

ことがよくあります。こんなにやりがいのあることはないですよね。頑張ってきてよかったと思う瞬間です。

実は会社をつくろうと思った原点が九州大学時代にあるんです。線虫を使ったがん検査がテレビで取り上げられた時、電話や手紙でたくさんの問い合わせをいただきました。私はコールセンターのようにずっと電話を受けていました。

真面目な方が多くて、小さいお子さんを抱えた若いお母さんが、病院でがんかもしれないと言われたけれど、子どもを残して死ぬわけにはいかないので、検査を受けさせてもらえませんか、と言ってきたこともありました。

そのたびに、実用化していないんです、ごめんなさいと断るのはつらかったです。その答えに対して怒るのではなく、頑張ってくださいと言ってくれる方が多くて、とにかく早く実用化したいと思いました。今、そういう方々に検査が届いている可能性もあるので、あの時、実用化に向けて走り出して本当によかったと思っています。

広津崇亮の経営哲学7箇条

1 リスクがないところに成功はない
2 資金調達はベンチャー・キャピタルに頼らない
3 起業でも研究でも「教科書」は読まなくていい
4 ビジネスも研究もスピードが大事
5 鶴の一声は最後の手段にとっておく
6 組織を俯瞰して、人間を生物学的に観察する
7 ポジティブに考えるとスピードも速くなる

人生の幸福曲線

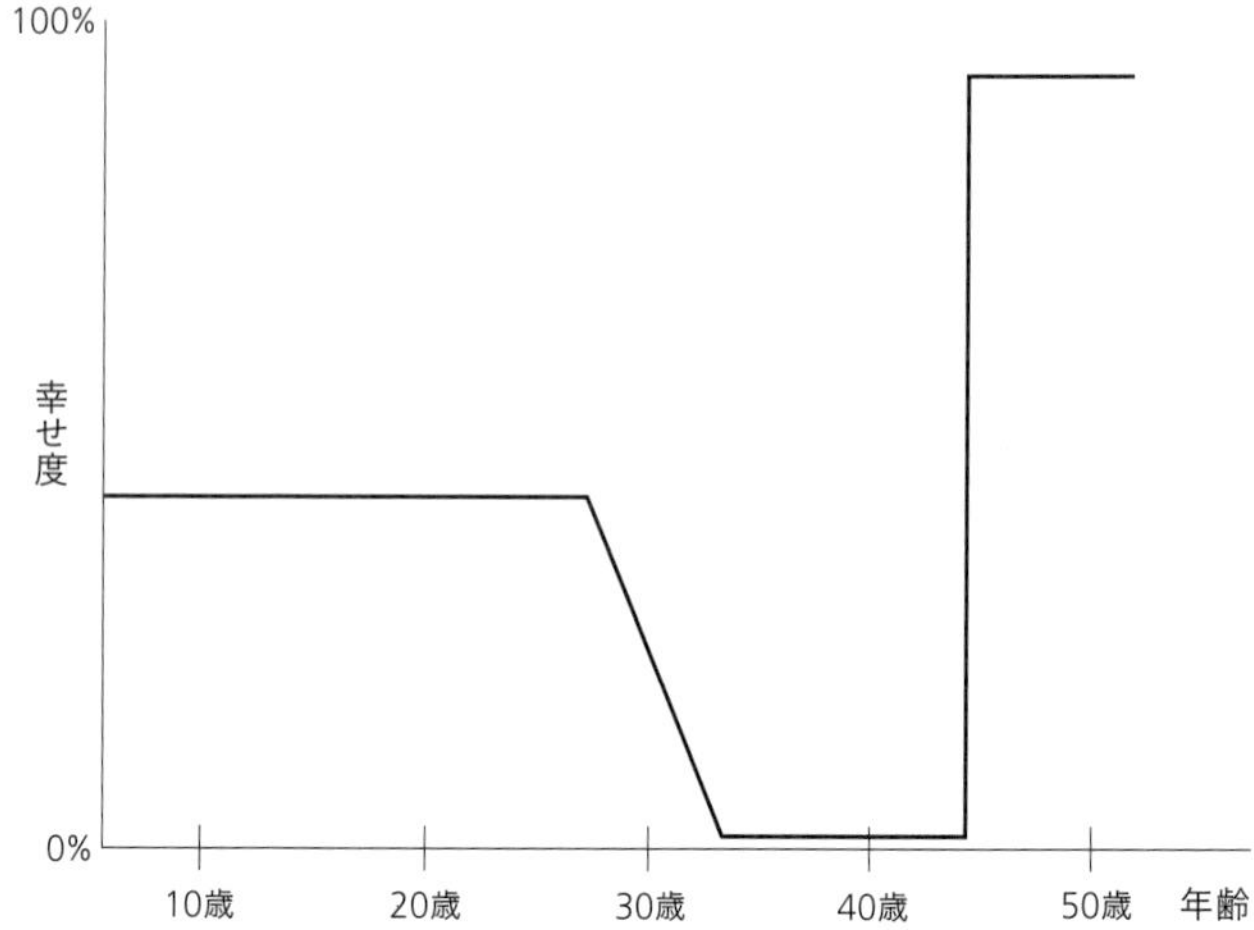

人生の収入曲線

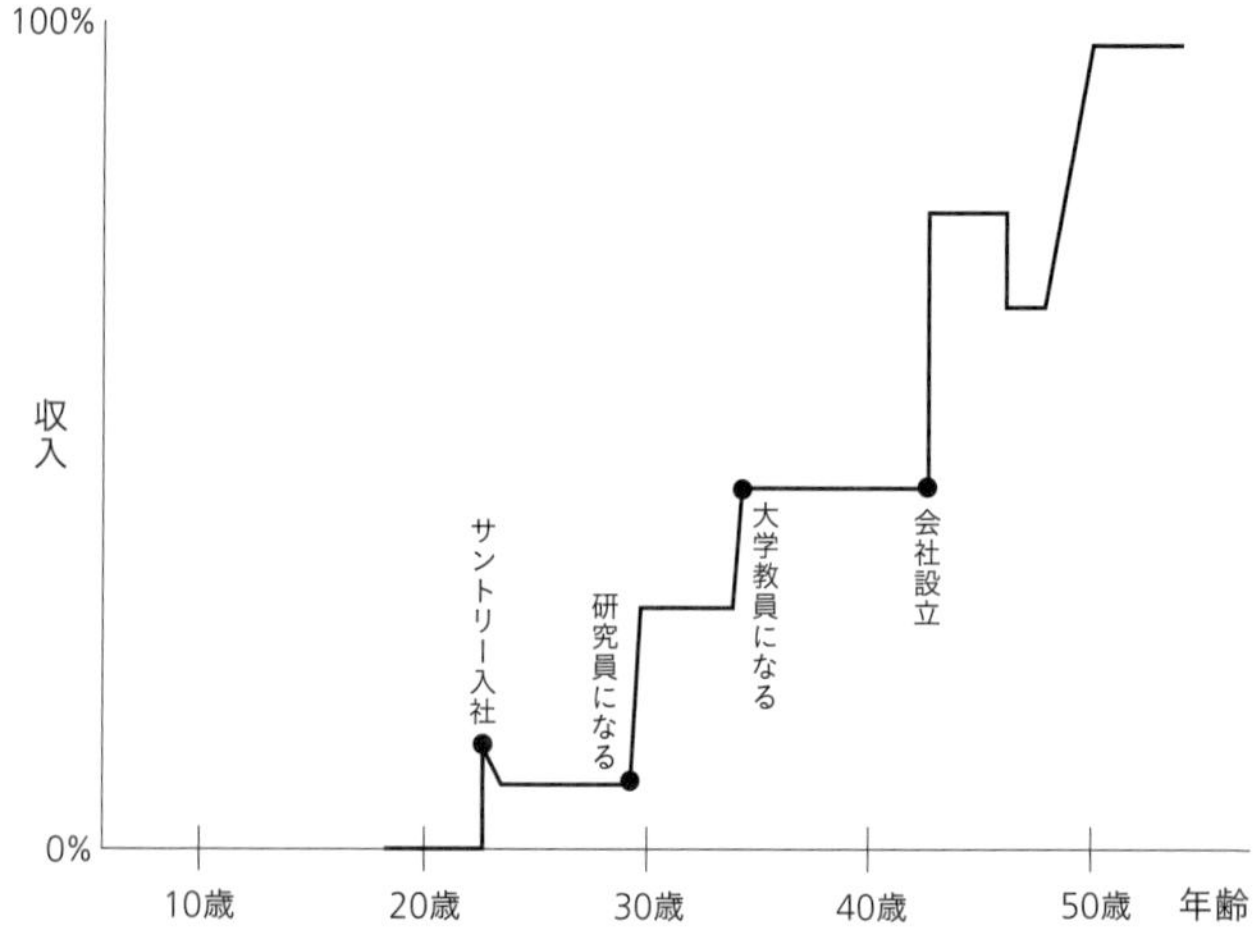

悩んだら、やめなさい

CYBERDYNE株式会社代表取締役社長／CEO

山海嘉之

山海嘉之　Yoshiyuki Sankai
CYBERDYNE代表取締役社長／CEO、筑波大学システム情報系教授・サイバニクス研究センター研究統括、筑波大学未来社会工学開発研究センターセンター長、内閣府戦略的イノベーション創造プログラムプログラムディレクター。

1958年　岡山県に生まれる
1987年　筑波大学大学院工学研究科博士課程修了（工学博士）
2004年　筑波大学大学院システム情報工学研究科教授に就任
　　　　CYBERDYNE株式会社を設立
2014年　東京証券取引所マザーズ市場に上場
2015年　医療用HAL医療用下肢タイプが薬事承認
2017年　日本ベンチャー大賞内閣総理大臣賞
2023年　内閣府戦略的イノベーション創造プログラム
　　　　プログラムディレクターに就任

1　革新技術を創り出し、社会変革を実現していく

私たちホモサピエンスは、狩猟採集社会、農耕社会、工業社会と段階的に社会を発展させてきました。科学技術によって社会変革が実現され、現在は仮想空間（サイバー）と現実世界（フィジカル）の両方がある情報社会に駒を進めています。

次の時代では、人を中心にしながらサイバー空間とフィジカル空間が融合した、サイバニクス[★1]空間が私たちの活動領域になってきます。サイバニクス空間で活動するために必要な科学技術をサイバニクス技術と呼びますが、それを駆使して製品開発し、事業化しているのがＣＹＢＥＲＤＹＮＥという会社です。

事業の中核となっているのが、世界初の装着型サイボーグ「ＨＡＬ」[★2]です。人が体を動かそうとすると、脳から神経を通じて筋肉に信号が伝わります。その時、微弱な信号が皮膚の表面に漏れ出てきます。ＨＡＬ

★1　サイバネティクス・メカトロニクス・インフォマティクスを中心に、脳神経科学、行動科学、ロボット工学、人工知能、生理学、心理学、哲学、倫理、法、経営など、人・AIロボット・情報系の分野を融合複合させた新しい学術領域。人や社会の総合的・複合的な課題の解決に威力を発揮する。

★2　Hybrid Assistive Limb。装着した人の身体機能を改善・補助・拡張・再生することができる装着型サイボーグ。

は皮膚に貼ったセンサーでその信号を読み取り、パワーユニットをコントロールすることで、その人の意思に沿った動作を実現し、装着するだけで身体の一部のように機能します。ＨＡＬは人の機能改善・再生・拡張・支援が可能なサイバニクス技術を代表する革新技術です。

例えば、脚の不自由な人がＨＡＬを装着して歩くと、「歩けた」という感覚が脳に同期してフィードバックされます。この動作をくり返すことで、脳神経系のつながりが強化・調整され、機能改善や機能再生が促進されます。大切なことはＨＡＬを外した後にその人自身の身体機能が改善していることですが、実際にＨＡＬなしで歩ける状態になり、本人やご家族の新たな未来につながっていくのです。

医療分野の他にも、例えば腰部に装着するタイプのＨＡＬは、工場での運搬作業や、介護現場での移乗動作支援、災害時の復興活動の支援など、多様な場面で活躍しています。

今後必要とされる人や社会に関わる産業領域を、私たちは基礎研究、技術開発、人材育成、社会ルールの調整等を同時展開しながら開拓しています。人や社会のための革新技術をつくり、新産業を創出し、社会変革を実現していくのです。

ユーザーもいなければ市場もない、専門家も社会的な制度もない。つまり、ノーユーザー、ノーマーケット、ノープロフェッショナル、ノーソーシャルルール。これをすべてニューに変えていくのが私たちの取り組みです。

装着型サイボーグ「ＨＡＬ」を医療現場で使うためには、医療機器として承認されなければなりません。承認を得るには、治療効果があることを証明するための治験というプロセスが必要です。

そこで、私たちはまず、進行性の神経筋難病を対象にしました。世界に治療方法のない領域に対して効果があることを証明すれば、医療業界や行政に伝わるインパクトが生まれるからです。結果として治験では良い結果が得られ、新しいカテゴリの医療機器として承認され保険収載されました。今までになかった革新的医療機器だったので、どのように許認可を取ればいいのか、国の規制当局に相談するだけでも長く時間がかかりました。

2 なければ創る

装着型サイボーグ「HAL」が医療機器として承認を得るにはどのような道筋をたどってきたのか少し振り返ってみましょう。HALのような身につけるタイプの新しいテクノロジーの枠組みの場合、機器の安全性を証明する安全規格が存在していませんでした。認証機関が参照することができる安全規格を日本でゼロから構築するのは大変なので、私たちはISO（国際標準化機構）に活路を求めました。こういうものを世の中に出していきますよ、という発信をし始めると、ISOの人たちはそれに備えて規格を考えないといけないので、私たちをヒアリングに呼ぶわけです。

ロボットを医療、福祉などの空間で使うためのルール策定に、最初は素人として参加したのですが一度だけの機会ですから、自分たちの事業の説明だけではなく、ＩＳＯについても勉強して行きました。ヒアリングでは「（私たちに対して）みなさん、よくご存じですね」と言われるくらい、いろいろなことを語り続けました。

そうすると今度はＩＳＯから頼まれて、国際規格の原案を提案したり規格策定の投票をしたりする権利を有するエキスパート[★3]になりました。つまり、規格を策定する側に回ったのです。このようにして装着型サイボーグを含む国際安全規格の策定を行い、今度は認証機関がその規格を参照してようやく私たちの機器が国際安全規格の認証を得て市場で安全性を示すことができるようになったのです。

社会のルールでも科学技術でも、なければ創る。これが私の哲学です。

こうして日本からＨＡＬという新しい医療機器が誕生し、それが世界の医療機器になっていくプロセスの中で、日本の薬事法は薬機法に変わりました。薬に関する法律である薬事法はなくなり、医療機器を含む法律になったのです。結局、日本では２０１５年に医療用ＨＡＬが医療機器として承認されました。医療分野の許認可にこんなに時間がかかると

★3　ＩＳＯの各国審議団体から選ばれた専門家のこと。

は思いませんでしたが、やり抜くことができました。

3　世界規模で考える

ＨＡＬは１９９１年の基本原理の基礎研究開発を始めた時点から、世界規模で考え、医療用途で世界標準を目指していました。日本で生まれた新しい医療機器が、国際規格を作りながら世界展開した事例は過去にはありません。日本で成功してもグローバルスタンダードになれないという例はどの業界にもありますが、そうなってはいけないと思っていました。

そもそも日本という国は外国が何かやり始めると、すぐについていこうとする追随型です。明治維新以降、海外の仕組みを導入しながら国の制度を変えてきました。常に海外からの影響で動く国なのです。

そこで、事業展開はヨーロッパからスタートしました。日本の医学への影響が大きかったこともあり、最初はドイツと組むことにしました。

ドイツの協力を得て、医療用ＨＡＬは日本よりひと足早い２０１３年にヨーロッパ全域で医療機器として認証されました。日本では進行性の難病をターゲットにしましたが、ヨーロッパでは脊髄損傷、脳卒中に対する医療機器になっています。さらに同年8月には、ＤＧＵＶ（Deutsche Gesetzliche Unfallversicherung：ドイツ法的損害保険）が、医療用ＨＡＬによるサイバニクス治療に、公的労災保険の適用を認可しました。

アジアでは、マレーシアが国を挙げて推進してくれています。２０２２年に「国立神経ロボット・サイバニクスセンター」の建設が始まりました。新センターは、当社の事業提携パートナーであるマレーシア政府系の従業員社会保障機構（Social Security Organization）が運営する東南アジア最大の医療複合施設であり、37ヘクタール（東京ドーム約8個分に相当）になる見込みで、同時に７００名ほどの患者が一定期間包括的な治療を受けることが可能となります。

アメリカでも米国食品医薬品局（ＦＤＡ）から医療機器として承認されています。２０２２年には、米国の西海岸に医療施設を展開する医療法人をM&Aで子会社化しました。現在27の医療施設を保有し、新たな医療技術の社会実装を加速させています。

これらを含め、現在は世界20カ国で医療用HALによるサイバニクス治療のプラットフォーム化が進んでいます。日本発の医療機器ですが、事業収入は海外の占める割合が大きく、日本は導入が遅れているのが現状です。

4 あるべき姿の未来に立ち、取り組む課題を明確化する

従来の医療は病院の中で行われてきました。退院後の家庭など病院の外の世界や、病気の予防は非医療ゾーンとされてきました。高齢化が進めば進むほど、医療と非医療の境界は、どんどんあいまいになっていきます。

病院、施設、家庭、職場をシームレスにつないでデータ連携することで、このあいまいなグレーゾーンが新しい開拓領域となります。家庭や

施設の中で生活をしながらテクノロジーによって人の自立度を高めて要介護者を減らすことができれば、本人やそのご家族の生活の自由度も広がります。人とロボットと情報系が融合したサイバニクス技術で、医療や生活にイノベーションを起こすのが私たちの出口です。

経営で一企業の事業を回すだけではなく、先ほどのように「ノー」を「ニュー」に変えていく取り組みとセットで回し続けないとイノベーションにはつながりません。私は数年前から各省庁を回って、科学技術を社会にインストールしやすい国にするための活動をしてきました。

物事を進めるときには、そのワンアクションが次にどうなるかを見据えて考えます。出口イメージを常に持ちながら、どうしたらそこに到達できるかをバックキャストしていくのです。

2023年に当社のあるつくば市がスーパーシティ型国家戦略特別区域に指定されました★4。これは、医療機関を中心に行われていたサイバニクスを、より広い範囲でできるようになるための取り組みです。これも社会変革の第一歩であり、出口イメージを描きながらバックキャストし

★4 AIやビッグデータなどの先端技術を活用して、行政手続き、移動、医療、教育などの利便性を向上させ、複数分野間でデータ連携し、先端的サービスを実現するための規制緩和などを行う特別区域。

た結果です。

私は大学の研究室や当社に入りたいという若い人に会うと、「どんな50歳になりたいですか」と聞くことにしています。「考えたことがない」と答える人は、かなり行き当たりばったりの人生を生きることになります。自分がこうありたいという50歳の像が描けた瞬間に、そこに向けて自分を持っていけばいいのです。私は子どもの頃からそうやって生きてきました。到達点を決めて、そこに向かっていると、だんだんそういう人に近づいていきます。向かう道はいくつもあるので、どの道を通っても構いやしません。到達できる方向になってさえいれば、素晴らしい人生ではないでしょうか。

経営も同じです。あるべき姿を描きながら、そこに突き進んでいこうとすると、目の前にいろんなものが立ちふさがってきます。ガリガリしながら突破する方法もあるでしょう。スッとかわして乗り越えていく方法もあるでしょう。

自分の専門分野以外の方法を使って越えていこうとすると、「それはあなたの専門じゃないですよね」と言う人がいます。自分の専門分野で壁を突破すべきだという考え方ですね。

しかし、小学校、中学校の理科という科目は、高校に入ると生物、化学、物理に分かれ、大学に行くともっと細分化されます。私は子どもの頃からずっと理科という枠で生きているので、全領域が一つの塊でしかありません。科学技術を愛する私にとっては、科学技術を使えばいい、という話ですし、それ以外の方法で突破してもいいわけです。

今ある手法で無理やりやらないで、他の方法を使ってもいいのです。あらゆる手法をこだわりなくフル活用しながら目標を達成することは、私の経営方針の一つでもあります。

基礎研究をしている人、そして実際にものつくりをしている人も、出来上がったものについて、「これは何かに使えませんか」「他の使い道はありませんか」と探していることがありますが、最初からあらゆるケースを想定し、どう使えるかという出口をイメージした上で、物事に取り組んでいくほうが効率的だと思います。

5　悩んだらやめなさい

通常は現在いる地点から、目の前の問題を解決して生きていきます。そして気がついた時には、最初に求めていた未来と違うところにいることがあります。それに対して私は、あるべき姿の未来に立ってそこから今を見るようにしています。そうすると、何をすべきかが見えてきます。

私は小学5、6年生の時に科学者になろうと決めました。そのためには博士になる必要があると思っていたので、大学院の博士課程への進学に悩むことは全くありませんでした。

よく博士課程に行くかどうか考えている学生がいますが、私は「悩んだらやめなさい」と伝えています。悩んで決めると、別の道を選んだほうがよかった、と思うことが必ず出てくるからです。

私は子どもの頃から悩んだことがないのですよ。だから、なぜみなさんが悩むのか不思議でした。日頃から、いろいろな人に寄り添いながら

生きることを心がけてはいるのですが、悩んでいる人に対しては、こういうふうに考えてみたらどうですか、と話すことくらいしかできません。

ただ、私も迷うことはあります。私の弟は、やはりつくばの研究所で多忙な日々を過ごしていて、「人生はあれか、これか、ではないか?」と言います。私は「人生はあれも、これもあるかと」と答えます。あれか、これかを選びながら進んでいく生き方もあれば、あれも、これも、やっていく生き方もあります。二つの道の選択に迷ったとき、あなたはどうしますか? 私は可能なら二つともやります。だから、やることがどんどん増えていくのです。


私は「失敗した」と思ったことは一回もありません。実験でも事業でも、あることをするときは想定される結果が頭にバーっと浮かびます。どの結果が出ても想定範囲ですから、失敗とは思っていません。

もし、私が想定していなかった結果が出たら、それは発見です。「なるほど、こうなったのか」と思った瞬間に、全く落ち込むこともなく、それを超えていく方法を考えます。グズグズと悩んでいる時間などありません。

ある状態に到達した瞬間に、次のアクションに移りながら、そこを超えていこうとします。到達したら超えていく、到達したら超えていく、ということをくり返し、ループしていきます。つまり、改革が日常化しているのです。

私は、筑波大学の教授も務めていますので、研究室の学生に、論文とは書式である、と言うことがあります。研究の内容がいいかどうかは別として、まずは論文の書式に沿って論理的に展開できるよう優しく特訓します。論文を書く練習として、毎週、私に報告する時に、背景、目的、方法、結果、結論、研究成果の意義・価値などを明確に書いてもらっています。

この書式と言えるような思考・説明パターンを日常化することによって、私の研究室は筑波大学で博士号を取る学生が最も多いと評価され、学生たちは学内外でいくつもの賞を取っています。

6　苦労であっても苦痛ではない

私にとって大学の枠を超えて起業することも自らの改革の一つでした。

当初、大学で研究開発した「ＨＡＬ」の技術を社会で実用化してもらうために大企業の人に話すと、素晴らしいと言ってくれるものの、未市場を開拓する取り組みに対しては話が進みませんでした。そんな中、経済産業省が大学発ベンチャー１０００社計画を発表し、大学の中で動きやすくなりました。それで２００４年に私と私の研究室の博士課程の学生４名でつくった会社がＣＹＢＥＲＤＹＮＥです。

イノベーションを起こすためにリスク覚悟で挑戦する開拓型の企業にしようと、２００６年に資金調達を開始しました。２０１４年3月に日本初の複数議決権株式[★5]を発行する企業として東京証券取引所マザーズ市場に上場し、その上場方法も評価されトムソン・ロイター・マーケッツ社の「ＩＰＯオブ・ザ・イヤー」に選出されました。

★5　株主総会において、株主が1株で複数の議決権を行使できる株式。創業者など経営陣が会社を安定的に経営し、敵対的買収から防衛する目的で発行される。

そして、数百社の機関投資家と交渉し、２０１４年には海外公募と転換社債を組み合わせて４２６億円を資金調達しました。その手法が評価され、トムソン・ロイター・マーケッツ社から「イノベーティブ・エクイティ・ディール・オブ・ザ・イヤー」に選ばれ、２年連続の受賞となりました。

このように、株式市場に対しても発明ということが可能なのです。そもそも証券も発明だと思っています。トムソン・ロイターから賞をもらうということは、世界的にも新しい取り組みという証しです。発明は科学技術分野の専売特許ではなく、理系も文系も関係なく、至るところでできるのです。

事業推進も研究開発推進も、１００％の時間が苦労と言えます。ただ、苦労であっても苦痛ではない。苦労は人を育てますが、苦痛は人を育てません。私の場合、苦痛を感じることは全くありません。取り組み自体が、人の役に立ち、喜んでもらえるからでしょう。

7　人や社会に喜んでもらえることをする

私は幸せ指数マックスで、ずっとフルスロットルという感じです。こうして生き物として元気に生きていること自体、幸せだと思いませんか？　自分の価値を見出せずに落ち込んでいる人に伝えたいのは、あなたはカンブリア期から現在に至るまで、一代も絶えないでここまで到達している奇跡の人なのですよ、ということです。奇跡の連鎖によって、この時代に生きているというのはすごいことだと思いませんか。

私は物心がついた頃、自分が思ったように指が動くのを見て、なんで動くのだろうとワクワクしました。小学3年生の時、ロボットSFの古典的名著『われはロボット』（アイザック・アシモフ著、小尾芙佐訳）を読み、科学者になろうと決意しました。実験器具や薬品をお小遣いで買って、家でロケットの燃焼室などの実験をしました。夜もみんなが寝静まった頃に起き出してコソコソやって、毎日6時間ぐらいを実験に費やしていました。

大学に入ると150万円くらいで8ビットのコンピュータを買いました。今のように解説書なんてありませんから、自分で分析していくと、いろいろなことがわかってきます。

大学院生時代も研究は面白かったし、不思議なワクワク感がありました。大学に勤めてからは、組織改革、新学術領域「サイバニクス」の創成、研究センターの設立、未来開拓型企業の設立に挑戦してきました。どの時代もワクワク感に満ちた激しく楽しい日々でした。

仕事でも日常的な取り組みでも、夢や、やりがいや、生きがいがあればいいと思うのです。しかし、それが見つからない人、実感できない人もいます。人や社会に喜んでもらえることを仕事にすれば、やりがい、生きがいになるのではないでしょうか。

私は子どもの頃から、人や社会に喜んでもらいたいという思いが常にありました。喜んでもらえることがご褒美なので、忙しくてもニコニコして、また次に向かって動けるのです。どんなことでも、人や社会に役立つことにつながれば、満ち足りるのではないでしょうか。今後もサイバニクス領域の新産業を創出しながら、人とテクノロジーが共生し相互に支え合う「テクノピアサポート社会」をつくっていきたいと思います。

山海嘉之の経営哲学7箇条

1 革新技術を創り出し、社会変革を実現していく
2 なければ創る
3 世界規模で考える
4 あるべき姿の未来に立ち、取り組む課題を明確化する
5 悩んだらやめなさい
6 苦労であっても苦痛ではない
7 人や社会に喜んでもらえることをする

失敗しないための準備は絶対に欠かさない

総合新川橋病院 副院長
佐野公俊

佐野公俊　Hirotoshi Sano
総合新川橋病院副院長・脳神経外科顧問、藤田保健衛生大学名誉教授脳神経外科客員教授、世界脳神経外科連盟 血管障害部門委員長。脳動脈瘤クリッピング手術の実績がギネス記録に登録されている。

1945年　東京都に生まれる
1970年　慶應義塾大学医学部卒業
　　　　米軍の横須賀海軍病院で1年間のインターン
1973年　慶應義塾大学病院外科学教室助手
1976年　名古屋保健衛生大学医学部外科学助手
1980年　名古屋保健衛生大学医学部脳神経外科学助教授
2000年　藤田保健衛生大学教授
2001年　クリッピング手術の実績がギネスブック登録
2010年　総合新川橋病院副院長に就任

1　常に先を見てどう生きるか考える

脳神経外科医として、脳の動脈瘤のクリッピング[★1]手術を中心に行っています。人間にとって大切なものが集中している脳の中で、コンマ何ミリという繊細な作業をするので、知識はもちろん、手先の器用さや集中力が必要とされます。私はこれまでに3万人以上の患者さんを診察し、1万例近い手術、特に動脈瘤クリッピングは5000例を手がけてきました。現在は副院長を務めている川崎市の総合新川橋病院をはじめ、いくつかの病院で週5日間の手術または外来を行っています。

医者を志したのは子どもの頃です。私は1945年3月11日、東京大空襲の翌日に板橋区の防空壕の中で生まれました。母方の祖父と叔父が医者だったので、小さい時から母に「医者がいい、医者がいい」と刷り込まれていたんです。私も生物が好きだったので医学部に行くつもりで

★1　動脈の一部が膨らんだ動脈瘤の根っこの部分を金属製のクリップで挟み、そこに血液が流れ込まないようにして、破裂を予防する手術。

した。

親父は神田で小さな時計屋を営んでいました。後に外科医になった私にとって、実家が時計屋だったことは、すごくよかったと思います。なぜなら、ピンセットやペンチのような道具がいっぱいあったんですね。3、4歳の頃からそういう道具を使っていろいろなものを作って遊んでいたので、手先が鍛えられました。手先の動き、言語の習得などは、大人になってから始めるのと、子どもの頃から訓練しているのでは全然違うと思います。

スポーツも好きだったので、都立戸山高校ではバレーボール部の練習やスキーに忙しく、あまり勉強しませんでした。浪人して1年間、予備校に通いましたが、この1年がとても充実していたんです。予備校でいろいろな授業を受けていると、英文法、三角関数、化学のイオン化傾向などが、「ああ、こうなっていたのか」と腑に落ちるんですね。

乾いた砂が水を吸収するように知識が頭に入ってきて、しっかり理解することができました。それまでの勉強を1年で全部まとめることができたんです。

2学期に予備校の校長と面談した時、「千葉大学と慶應義塾大学の医学部を受けたい」と言うと、「君はどこを受けてもいい。どこに受かるかより、受かって大学に行った後、何をするのかを考えて学生生活を送りなさい」と励ましてくれました。この言葉は、常に先を見て、どう生きるかを考える習慣を私に与えてくれました。

結局、両方の大学に合格し、家が貧しかったので国立の千葉大学に行くつもりでしたが、浜松で医院を開業している叔父から、「学費は出すから慶應に行くように」と言われ、慶應の医学部に入学しました。

大学時代は予備校の校長の言葉通り、将来どういう医者になるかを考えていました。手先が器用なので外科に行くことは決めていました。4年次の講義で脳神経に興味を持ち、脳外科医を志します。まだ学生ですから、もちろん手術はできません。それなら今しかできない内科を勉強しよう、脳外科は耳鼻科や眼科も関係してくるから、そこもちゃんと勉強しよう、見ただけで診断する力をつけるために皮膚科もやっておこう、というように、将来に向けて今できる勉強に打ち込みました。

2　あえてきつい方向を選ぶ

大学の医学部ではドイツ語を勉強しましたが、私はこれからの医学にはドイツ語より英語が必要になると思っていました。そこで英語の特訓をしようと、大学を卒業してから1年間、米軍の横須賀海軍病院でインターンをしました。当然、すべて英語の世界です。「カルテ」は「チャート」と言うんですよ。

米軍ではドクターとナースはハイソサエティに属し、衛生兵はその一段下に見られていました。それが面白くない衛生兵は、英語の下手な日本人を笑う機会をうかがっているんです。私はそうはさせまいと、ナースに的確な診断法を教えて「すごい」と言わせたり、注射の時に局所麻酔をして「サノの注射は全然痛くない」という評判をとったりして、周りの信頼を得ていきました。

あるナースは顔のできものを私に取ってほしいと頼んできました。「あなたの治療がいちばん丁寧だから」と言うのです。切開してできものを取り、きれいに縫うと、傷がほとんど目立たなくなり、彼女は同僚に私の宣伝をしてくれました。

そんなことはあったものの、アメリカ人は日本人を見下していましたから、「おまえらのところに教わりになんか行くもんか。反対に教えに行ってやる!」という気持ちになり、アメリカに留学することはありませんでした。そんな私が後年、欧米の複数の大学の客員教授になったのですから、人生は面白いものです。

インターンでは苦労もしましたが、いい経験だったと思っています。人間は生きていると、いくつもの岐路に立たされますよね。どちらを選ぼうかというときに、安易な方向、安易な方向へと行ってしまうと自分の成長にはつながりません。私は自分にとって、きつい方向ばかりを選んできました。

手術の難しい症例からも、つらいことからも逃げないようにしました。

それでダメだったら、自分はそこまでの人間だということです。幸い、体も心もタフだったから、一応、何とか乗り切ってきました。楽な方向にばかり行っていると運は開けません。よりしんどい方向に行くのが成功への道だと思います。

3　裏での努力を怠らない

海軍病院でのインターンを終え、二つの病院に勤務してから、慶應大学病院に戻りました。大学でいろいろな科を回って勉強している時、耳鼻科で手術用の顕微鏡に出合い、これを使えば、脳外科でも繊細な手術ができると思いました。

それで脳外科の先生に聞くと、マイクロサージャリー（顕微鏡手術）は日本ではまだやっていないけれど、欧米ではそろそろ始まっているということでした。よし、俺が日本で最初に使ってやろうと思い、8倍のマイクロスコープ（顕微鏡）を自分で購入しました。軽自動車一台分くらいの値段だったので月賦にしました。毎晩30分、マイクロスコープ下で小さいものを切ったり、そいだりして、手を動かす練習をしました。食事は利き手ではない左手でしました。家族を引っ張ってきて、耳の掃除をしたこともあります。

いい外科医になるためにはトレーニングが必要です。スポーツでもそうですよね。大谷翔平選手もあれだけの体になるには、かなりの努力があったはずです。それぞれの分野で名前を残している人たちは、表舞台に出ているのはほんの一部にすぎなくて、裏ですごい努力をしているんです。努力しないで酒を飲んで遊んでいたら、差が出るのは当然です。

私は自分のマイクロスコープを脳外科の手術室に持ち込んでセットアップし、先生に使ってもらおうとしました。先生は「よく見えるなあ」と驚いていましたが、初めてだからうまく操作できません。「おまえがやってみろ」と言われて練習の成果を見せると、「うまいもんだな」と感心され、私は脳外科1年目の終わり頃から、ほとんどの手術を自分でやらせてもらえるようになりました。

4　仕事をやりっぱなしにしない

私はどんなに簡単な症例でも、手術の前に必ず患部の絵を描くようにしています。顕微鏡で見たところを色鉛筆でスケッチするのです。ここはこうなっている、これはこうする、と手術の手順を確認してイメージします。患者さんにも、ここに動脈瘤があって膨らんでいるから、こういうふうにクリップをかけます、というように手術の内容を説明します。

そして手術後にも、また絵を描きます。手術の前の絵と一致していれば、予定通りの手術ができて成功ということになります。これは頭の中で思っているだけではダメで、実際に絵にしないと客観的に見ることができません。

若い頃は自分の手術のビデオを後で必ず見直すようにしていました。他人の目で客観的に見られるからです。ここはうまいな、というところもあるけれど、手の動きが遅いこともわかります。無駄な動きをしなければ、手術はあっという間に終わるはずなのですが、迷っている時間があるんですね。必要のない動きを一つ一つ確認して、次の手術では省くようにしました。そういう努力をちゃんとしているとどんどん上達しますが、やりっぱなしにしているとうまくなりません。

今の私が40代、50代の頃の手術のビデオを見ると、うまいなぁと思うんですよ。油が乗り切っていた時ですからね。今のほうが滑らかに進められていると思うけれど、タフさはあの時代のほうがあったかもしれません。

5　自分なりのやり方で楽しむ

若い頃は脳神経外科の黎明期だったから、医局は熱気にあふれていました。「脳の手術をしたら死ぬ」という時代に始まり、ＣＴやＭＲＩが導入されて、今までできなかったことが、どんどんできるようになっていきます。威張っている上の人たちより、マイクロスコープを使える自分たちのほうがいい手術ができたので、やることなすことが楽しくてしょうがなかったですね。こんな難しい症例もできたとか、こんなふうにやったとか、みんなで熱く話し合っていました。

今までは血だらけの手術だったのが、血が一滴も出ない手術ができるようになりました。患者さんがありがとうと言って元気で帰っていくのは、やはりうれしいものです。今の働き方改革には合わないけれど、当時は四六時中、病院にいました。大変だったけど楽しかったですね。楽しくないと人間は頑張れませんから。

1976年、31歳の時に愛知県豊明市に新設された藤田保健衛生大学（当時は名古屋保健衛生大学）に移り、35歳で助教授になりました。最初は脳外科医が実質的に3人しかいなかったので、数多くの手術を担当しました。試行錯誤をしながら技術を磨き、自分なりのやり方を確立していったんです。忙しかったけど、今までできなかったこともできるようになり、どんどん楽しくなって、定年退職した今も、その楽しさは続いています。

現在は川崎市の総合新川橋病院の副院長を務め、他の病院でも手術と

外科

外来を担当しています。手術は週2回くらいです。毎週、名古屋の自宅と川崎の病院を自分で運転して往復しています。

毎年4回ほど、インドでも教えています。知人のイギリスの大学教授が定年退職後、インドのコルカタに脳神経外科専門の病院を設立し、そこで佐野動脈手術学校をやってくれと頼まれました。ずっと手術室に閉じこもって、動脈瘤の患者さんの手術を英語で説明しながらやっています。それをインドの医師たちがテレビモニターで見ながら勉強するのです。日本の医師に向けても、難しい症例について教えるビデオセミナーを毎年開催しています。気分転換と体力づくりのために40歳でテニスを始めて、もう38年も続けています。今は週2回のペースでプレイしています。やはり気分転換は必要ですね。

6 失敗しないために入念な準備をする

私のところには、他の病院の医師が手術できない難しい症例の患者さんばかりがやってきます。今までに1万例くらいの手術を手がけてきましたが、術後に合併症を起こした患者さんが数十名いました。

20代の脳動静脈奇形の患者さんは、手術後に脳が腫れて亡くなりました。私は一人で葬儀に出席して、10人くらいの親戚の方の前で謝り、どういう状態で何が原因と考えられるのかを正直に話しました。すると、「わかりました。その知識を次の患者さんたちに役立ててください」と言ってくれました。

手術後に言葉が出にくくなったという男性に会いに、リハビリ病院に行ったこともあります。幸い回復されましたが、こういう経験は本当にしんどく、きついです。二度としたくないと思ったら、より真剣に取り組むしかありません。

失敗しないためには事前の準備が大事です。手術をイメージできて、絵が確実に描けるものは、その通りにやればいいので案外と楽なんです。危ないところはありません。しかし、わからないところや見えない部分がある場合は、リスクがあることを患者さんにも伝えます。

手術では予想外のことも起きます。一度、手術中に心臓が停止寸前になった患者さんがいました。手術は一時中断です。循環器の先生が駆けつけてくれて、一過性の狭心症と診断しました。しばらくして容態が落ち着いたので再開し、6時間後に無事終了しました。

中国で学会の最中に手術のデモンストレーションを頼まれた時は、患者さんが麻酔中にくも膜下出血を起こしてしまい、開頭したら出血して真っ黒になっていました。それでも何とか手術を終えて、3週間でほとんど回復しました。1年後に家族が中国からお礼に来てくれて、それ以降、中国の患者さんがたびたび来るようになりました。

動脈瘤の手術は術中破裂を起こさなければ、そんなにリスクはないんですよ。ただ、手術中に出血したときは牙をむいてくる感じになりますからね。手術というのはライオンを寝たまま捕まえるようなものだと、私はいつも言っています。変なことをして音を立てたり、風上から行って目を覚まさせたりすると、もう手がつけられない。風下から行って、最初に麻酔薬をかがせて、寝かした状態のままで網をかぶせる。その手順を間違えないようにする。それでも出血したときは、やはり医師の経験がものを言います。

7 相手の身になって、自分がしてほしいことをする

最近は脳の動脈瘤の治療でも、カテーテル[★2]による血管内治療が増えています。開頭して病変を直接観察しながら行う手術とは違い、手首や太ももの動脈にカテーテルを挿入し、病変部に到達させて治療します。カテーテルのほうが到達しやすい部分には確かに向いていますが、この方法では治療できない動脈瘤もあるんですね。

そういう患者さんが私たちのところに来るわけです。先ほども言ったように、だから難しい症例が多くなるんですよ。カテーテルをやっている人たちが、これは自分の領域ではないと言っても、患者さんはどうにかしてあげなくちゃいけない。今後、カテーテルによる血管内治療に頼りすぎると、手術の経験値が低い医者ばかりになって、治療してもらえ

★2 医療用に用いられる、中空の細長い管。

ない患者さんが出てくるのではないかと心配しています。

そんなわけで、血管内治療ができないとか、動脈瘤がすごく大きいとか、複雑なクリップをつけないといけないなど、他の病院でどうにもできないと言われた患者さんが、恐怖心を抱えたまま私たちのところに来ることも多いんですね。診察して、この動脈瘤は破けないから大丈夫と言うと、ほっとした顔をされますし、手術も「こういうふうにすれば大丈夫」と絵に描いて説明すれば納得してくれます。

正確な知識を伝えて、他の専門家に任せたほうがいい場合は紹介します。東京と名古屋の病院に知り合いが多いので、それぞれの科のどの先生がいいのかを調べることもできます。患者さんはどうしたらいいかわからないので、できることは私が代わりにやるようにしています。

自分のところで手術をするときは、安全なのか、難しいのか、どういうことをする手術なのかをきちんと説明して、その通りの手術をします。患者さんの身になって、何をしてあげるのがいちばんいいかを考え、自分にできる最善のことをするんです。

今後、ＡＩやロボットの導入で医療は変わっていきます。内科の診断には、膨大なデータを参照できるＡＩが使われるでしょう。お腹や肺の手術にはロボットが活躍すると思います。ロボットは手ぶれ補正が利きますから、縫合もスムーズです。

脳の手術では1ミリ前後の血管をつなぐことが多いので、そこをロボットが正確にやってくれると助かるのですが、今のところ、脳にはロボットが入るようなスペースはありません。我々は脳に手を入れた時、道具を通して手に伝わってくる感触を、危ないと思って引くことがあるんです。そういうことがロボットにできるのかどうかは、まだわかりません。また、ロボット手術の目は内視鏡によるので、動脈瘤のように出血しやすい疾患で出血した場合、内視鏡では全く見えなくなってしまうため、それに対応できるのかは疑問が残ります。医療にどんな未来が訪れても、天命に従い、患者さんのために尽くす。これしかないと私は思っています。

佐野公俊の経営哲学7箇条

1 常に先を見てどう生きるか考える
2 あえてきつい方向を選ぶ
3 裏での努力を怠らない
4 仕事をやりっぱなしにしない
5 自分なりのやり方で楽しむ
6 失敗しないために入念な準備をする
7 相手の身になって、自分がしてほしいことをする

人生の幸福曲線

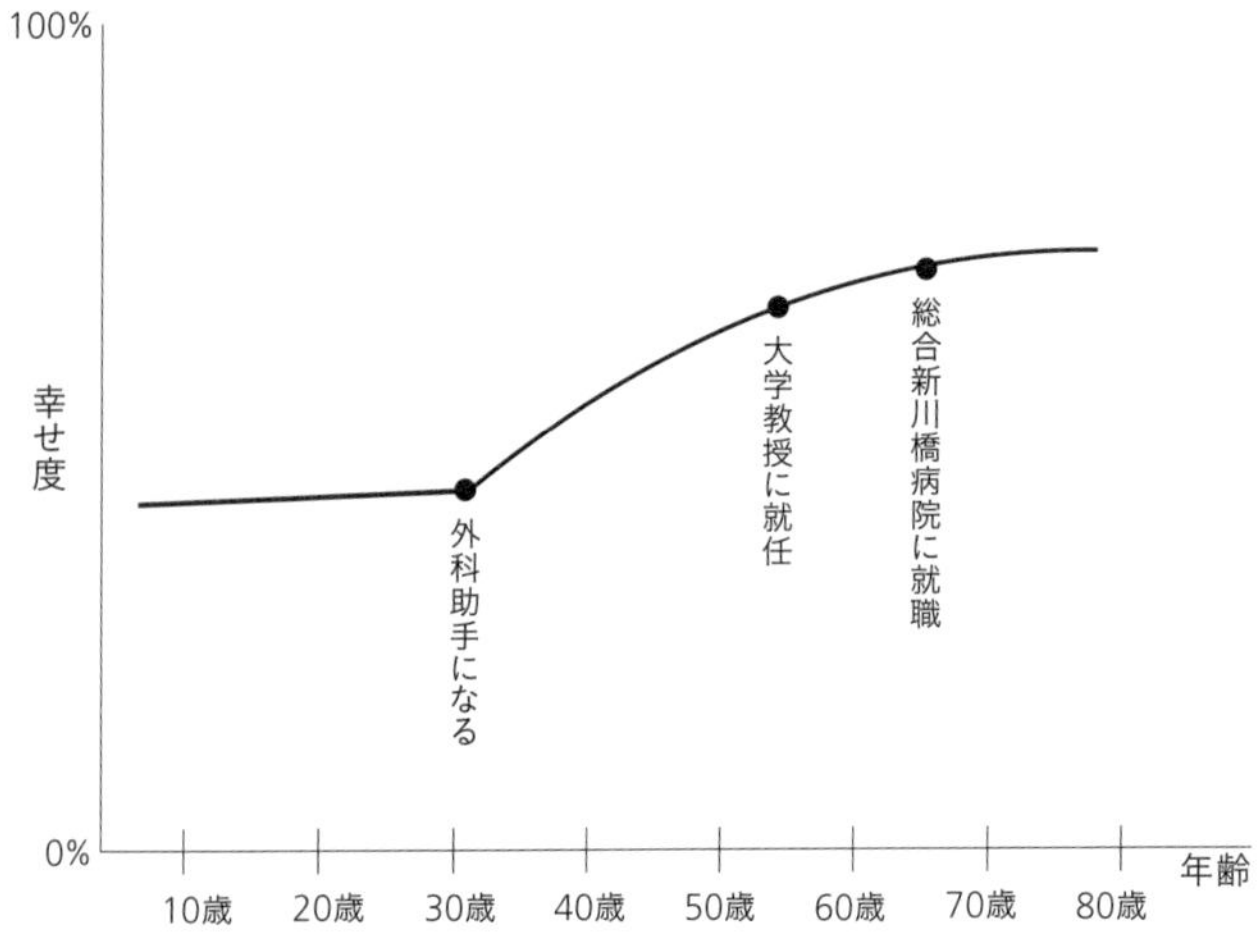

人生の収入曲線

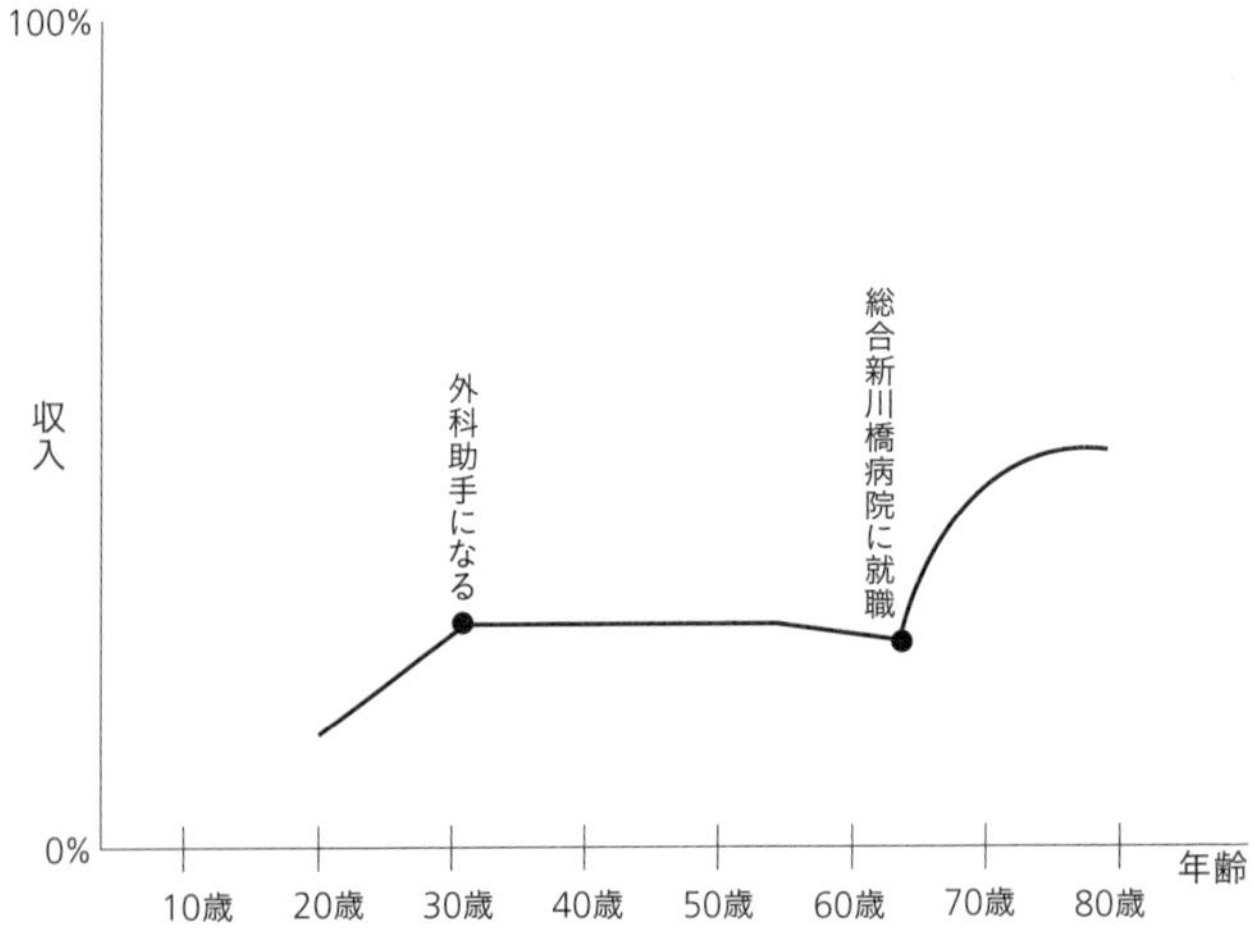

リスクを冒さないことがいちばんのリスクだ

株式会社オキサイド代表取締役社長　古川保典

古川保典　Yasunori Furukawa
オキサイド代表取締役社長。筑波大学大学院理工学研究科前期課程修了。日立金属、米国スタンフォード大学応用物理研究所客員研究員、独立行政法人物質・材料研究機構、九州大学理工学研究院助教授を経て、2000年にオキサイドを設立。

1959年　福島県に生まれる。
1983年　筑波大学大学院前期課程修了、日立金属入社
1992年　米国スタンフォード大学客員研究員
1996年　無機材質研究所（現・独立行政法人物質・材料研究機構）へ
2000年　株式会社オキサイドを設立
2021年　東京証券取引所マザーズ市場に上場
2023年　第9回ものづくり日本大賞優秀賞
　　　　ライコル・クリスタルズ社を買収

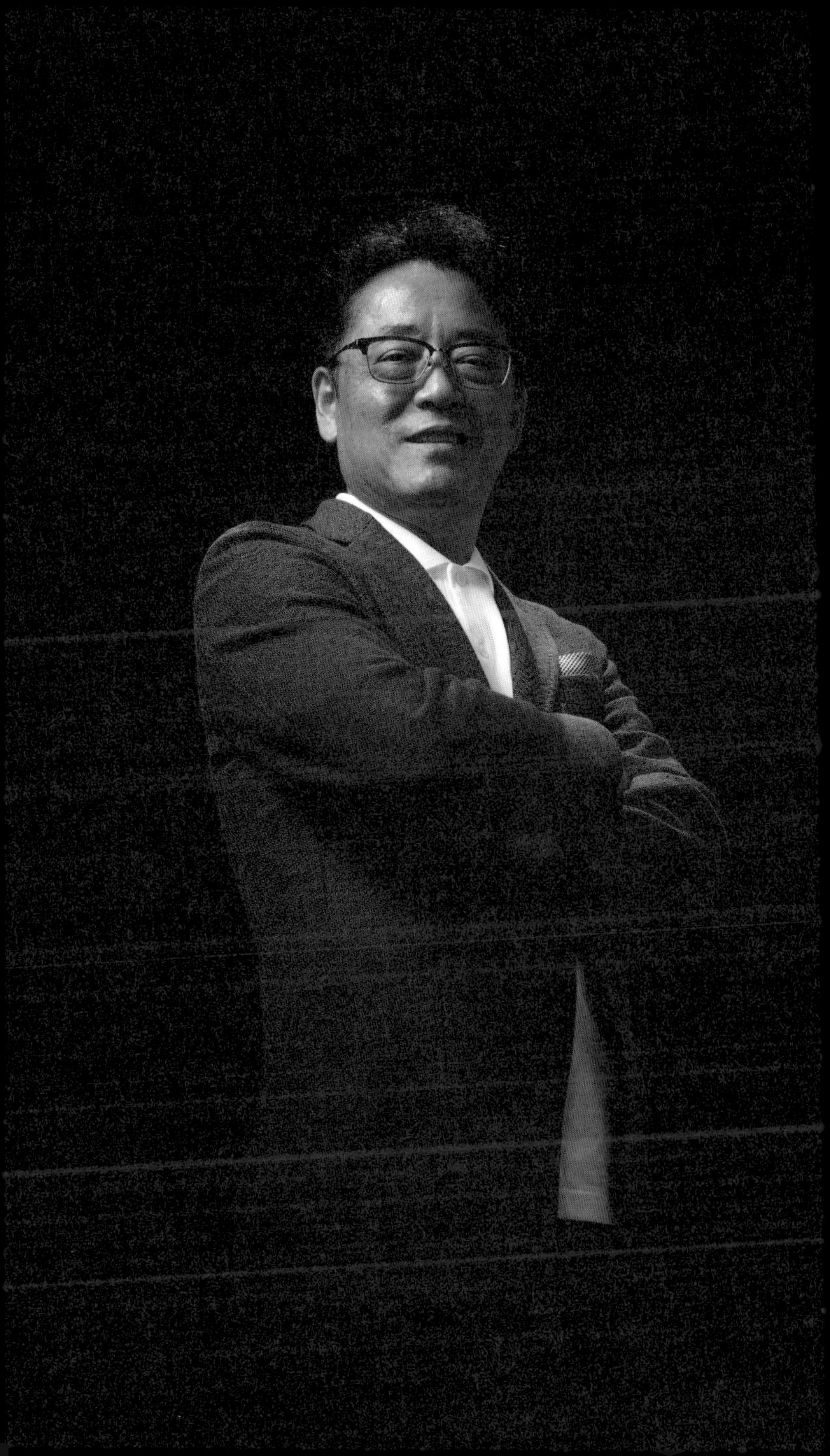

1 リスクを冒さないことがいちばんのリスク

人の握りこぶしくらいの大きさで1個600万円から800万円する結晶を作っています。半導体を製造するとき、正常に動作するかどうかを検査する装置に使われる結晶です。

振り返ると、私は子どもの頃からきれいな石が好きでした。体が弱く、小学2年生の時に小児リウマチを患ったため、体育の授業はいつも見学。校庭の隅できれいな石を探して時間をやり過ごしていたのです。

図書室では本をたくさん読みました。私は福島県会津坂下町の出身ですが、同じ福島県生まれの野口英世、エジソンなどの偉人伝が面白くて、世の中の役に立つ科学者に憧れました。でも、勉強は苦手でした。入院している間に授業についていけなくなったからです。両親はともに教員でした。特に父親は厳しく、ほめられた記憶は一度もありません。

それでも中学生になると、買ってもらった学習雑誌をきっかけに勉強が好きになり、体も丈夫になって、教室の隅で泣いていた頃が嘘のように元気になりました。

筑波大学では工学系に進み、4年生の時に結晶の研究室に入ります。しかし、夢中になったのは研究ではなく社交ダンスでした。競技ダンス部で現在の妻と組んでタンゴを踊り、大会に出場しました。卒業後はプロになるつもりでしたが、彼女に断られたので断念するしかありません。就職活動をしていなかったので、大学院の2次募集に応募して合格し、結晶の研究を続けることになりました。

研究室には先輩がいなかったので、教授からマンツーマンで指導を受けました。結晶を作る装置がまだなくて、私が修士課程2年生の時に初めて装置を完成させたら、教授がすごくほめてくれたんです。それから、論文を書いたら教授がすぐに評価してくれて、結晶の研究が一気に面白くなりました。昔からほめられたことがなかったから、余計にうれしかったのだと思います。

修士課程を終えると、妻が住む埼玉県で仕事を探して、日立金属[★1]の研究所に就職しました。結晶の研究を続けましたが、会社から結晶は儲からないと言われ、私のいた部署はどんどん人が減らされていきます。実質的に上司もいなくなり、入社2年目からは自分で研究テーマを見つけて、どうしたら結晶がビジネスになるかを考えることになりました。

赤外線を結晶に入れると、波長が短くなって緑色とか青色の光が出ます。でも、その光はだんだん弱くなります。もっと多くの光を出すには、結晶の欠陥を減らすことが必要です。私はどうしたら欠陥が減らせるかを研究テーマにしました。

そうこうするうちに、アメリカのスタンフォード大学に1年間、留学することになりました。私は海外に行ってみたかったので、仕事はあまりしないで、英語を一生懸命に勉強していたんです。会社が留学の条件にしていたTOEICの点数を超えたので、会社も私を行かせないわけにはいかなかったんですね。

スタンフォード大学では結晶の欠陥を減らす研究をしている先生のも

★1　大手金属メーカー。2023年に日米のファンド連合が総額8000億円以上をかけて子会社化し、日立グループから離脱。社名を「プロテリアル」に変更した。

とで客員研究員になりました。世界的に有名な研究室ということで、ソニー、NTT、日立製作所、信越化学工業、大阪大学などからも日本人が来ていました。彼らとは今でも酒を飲んだりしています。

後年、オキサイド★2を創業する時に、そのスタンフォードの先生に挨拶に行きました。「ベンチャーを始めるしかないと思うんですけど、どうしたらいいですか」とたずねると、「リスクを冒さないことがいちばんのリスクだ。成功しようと思ったら、人ができないと思うことをやらなきゃダメだ」と言われました。

日本の大学の先生なら当たり前のように大企業に行くことを勧めていた時代に、リスクを冒さないのがリスクだという言葉を学生に贈っている。かっこいいなと思いました。ずっと後になって先生にその話をしたら、「おれ、そんなこと言った?」と言われましたけどね。

これから起業する人にアドバイスするなら、私もやはり「リスクを取れ」と言います。今までに優秀な人をたくさん見てきましたが、人生がよい方向に大きく変わったのはリスクを取った人でした。

★2 半導体の検査装置メーカー向けに光学単結晶とレーザの開発・製造・販売を行うほか、ヘルスケア事業なども。半導体検査装置向けの光学単結晶は世界シェア95%。

2 自分の価値は自分で上げていく

アメリカに留学していた1年間、大学の授業は難しかったのであまり出ませんでした。その代わり、結晶分野のベンチャー企業を15社くらい見てまわりました。そこで初めてビジネスに触れたのです。日立金属の研究所では、自分の開発した技術がどうやって世の中にアウトプットされるのか、よくわかりませんでしたが、アメリカのベンチャーはお客さんとすごく近くて自由度が大きいんですね。ビジネスって面白いなと思いました。

その時に会ったアメリカの経営者たちは、今でも私のビジネスの先生です。会社のつくり方、M&Aの方法など、いろいろな場面で教えてもらっています。毎年1月末にアメリカの西海岸に数人で集まってスーパーボウルを観て、仕事の現状や悩みを話し合っています。

話を戻すと、留学を終えた私は、日本で青色レーザの研究プロジェクトに入りました。結晶から出る光は緑色より青色の波長が短く、一枚のディスクに入れられる情報量が多くなります。それでブルーレイには青色の光が採用されているのです。

会社からは、アメリカの研究所が持っている特許を使いたくないので、それを回避する方法を考えるようにと命じられました。しかし、2年間、必死に研究しても回避できません。すると研究所長からプロジェクトの解散を宣告されました。

リーダーの私は30代半ば。他のメンバーもみんな若く、研究を続けたいと思っていました。そこで、私はアメリカの研究所に特許を使わせてほしいと直談判に行ったのです。意外なことに「ぜひ使って実用化してくれ。なんでもっと早く言わなかったんだ」と快諾してくれました。こうしてアメリカでジョイントベンチャーを立ち上げることになりました。しかしながら、ちょうどその頃、筑波にある研究所に誘っていただきまして、後輩にマネージャーを譲って転職することになりました。

結局、転職を決めるまでの12年間、日立金属に勤めました。しかも、その間に留学し、博士号も取得しました。つまり、私は常に会社と自分の距離を考えて、会社のためだけに仕事をするのではなく、自分のためにするようにしていたのです。

会社をうまく利用して自分の価値を上げ、他からスカウトされるような人になればハッピーですよね。私は自分の価値を自分で上げていく人がプロフェッショナルだと思います。その人の市場価値が上がり、他社に行かれると困るような人材になると、会社は引き止めるために高い報酬を出すか、非常に魅力的な仕事を提供するしかありません。それは個人にとっても会社にとってもいいことです。

会社と従業員は対等な関係だと思っています。自分がそうしてきたように、オキサイドの社員にも、「会社のためだけにではなく、自分のために仕事をしてください」と話しています。

3　研究成果を世の中に役立てる

転職先は独立行政法人の物質・材料研究機構[★3]（当時は科学技術庁無機材質研究所）でした。35歳で公務員になったわけです。この研究所でも、結晶の欠陥を減らして、いいレーザを出すにはどうしたらいいかという基礎研究に取り組みました。さすがに国立の研究所は資金が潤沢で、性能のいい装置があり、優秀な研究者がたくさんいます。私は4年間で30件ぐらいの特許を申請しました。

上司との研究成果を実用化したいという企業が現れたので、私が5社の技術者を順番に呼んで、結晶と装置の作り方をマンツーマンで1年間かけて教えました。ところが、どの会社も製造することができなかったんです。せっかく技術開発したのに、このままでは実用化されません。もう自分でやるしかないと思い、40歳でベンチャーを立ち上げることにしました。

当時も今も、私のミッションは研究成果を世の中に出して実用化することです。とにかく良いものを作って、世の中の役に立ちたい。研究開発だけで終わらせずに実用化したいという気持ちを強く持っていました。

★3　二つの国立の研究所が統合されてできた、物質や材料の研究に特化した研究所。現在は国立研究開発法人である。

起業に踏み切ったとはいえ、セーフティネットもありました。国家公務員兼業制度の第1号になったのです。ベンチャーに3年間挑戦して、失敗しても元の職場に戻れるという制度です。私は成功しても、しなくても、研究所に戻るつもりでした。

5000万円の資金が集まり、2000年に山梨県でオキサイドを設立しました。株主に借りたプレハブ小屋で、たった3人でのスタートでした。

研究所にいた時は、どうして大企業の人たちは教えたのに質の良い結晶が作れないんだろうと思っていましたが、やってみると私もできないんですよ。成功するのは20回に1回くらいです。研究と違って、同じ品質のものを大量に製造する難しさを痛感しました。困ってしまい、創業メンバーの一人で東芝の研究所にいた人にバトンタッチしたら、質のいい結晶がどんどんできて驚きました。

結晶は作れるようになったものの、創業から3、4年したところで、他社が、結晶を使わない青色レーザを開発してブルーレイに採用されました。結晶がいらなくなったので会社は大ピンチです。しかも、親会社の業績が悪化してオキサイドの株が売られ、借りていた建物や装置を返すことになりました。移転先を探して、空き家になっていた工場を1000万円で買ったのが今の山梨県北杜市の本社です。

国家公務員兼業制度の期限が近づいていました。会社が好調なら人に任せて研究所に戻ることもできますが、いつのまにか億単位の借金ができていて、公務員に戻ったら返済は不可能です。もう会社を続けるしかないと覚悟を決めました。それからは、いつ倒産してもおかしくない状況の中、大手メーカーがやらないような仕事を受けて食いつなぎました。

4　自分たちにしかできないことをやる

転機は2006年に訪れました。スタンフォード大学で一緒だったNTTの人から、特殊な結晶の開発を頼まれたのです。「大手メーカーは小指の先くらいの小さいものしか作れない。オキサイドの技術で、その10倍大きな結晶を作ってほしい」ということでした。年間数千万円の開発費を出すというのでやってみたら、何とか結晶ができたんです。みんなで大いに喜びました。これは気分がよかったですね。

ＮＴＴにとっても大きな成果になりましたが、いつ潰れてもおかしくないベンチャー企業が重要な結晶を製造しているのはまずい、大手メーカーに頼もうということになってしまいました。ところが、大手企業はどこも製造できなかったんです。もしかしたら真剣度が違ったのかもしれません。私たちは作れなかったら会社が潰れるけど、大手の人はできなくてもちゃんと給料がもらえますからね。

結局、この結晶はオキサイドにしか作れないということで、ＮＴＴが株主になりました。ＮＴＴが株主になったことで信用が高まり、他の会社からもいろいろな注文が来るようになりました。

私たちは従業員20人、ＮＴＴはその1万倍くらいの巨大企業です。でも、私たちにしかできないことがあれば、ＮＴＴは株主になってくれる

し、私たちが強みを発揮することができます。他社にはできないこと、自分たちがいないと困ることをやる。それが結果的には自分たちを助けることに気づきました。これはビジネスの基本だと思います。

5 将来的に付加価値が出るかどうかで決断する

オキサイドはこれまでいくつかのM&Aをしてきました。ソニー、旧日立化成などからの事業移管も10件以上あります。大手企業は資金も技術もあるから、優れた研究成果がありますが、結局事業化できなかったものを私たちが引き受け、それがオキサイドのビジネスモデルの一つになっています。

例えば、2010年にはソニーの深紫外レーザ事業を買い取りました。深紫外レーザはプレイステーションの初期にすごく貢献したんです。プレイステーションがうまくいったのは、いい半導体が作れたからです。いい半導体を作るには、波長の短い深紫外レーザで欠陥がないか検査することが必要なのです。

しかし、ソニーはいくつもの事業を売却しました。私はソニーから譲渡された会社を通して、深紫外レーザの技術や装置を2億円で購入しようとしました。ただ、当時のオキサイドは社員が25人の小さな会社でお金もありません。「結晶は作れるけど、レーザの装置なんて作ったことがない。売上が数億円しかないのに2億円も出したら会社が潰れるからやめてくれ」と社員全員に反対されました。

とはいえ、このまま結晶だけを作っていても未来は開けません。私は自分たちの付加価値を上げるためにレーザ事業をやるべきだと判断しました。スマートフォンが普及し始めた頃だったので、これから半導体が微細化していくと、必ず検査用のレーザの需要があると考えたのです。結晶はせいぜい1個が数百万円ですが、レーザを出す装置は1台2000万円から3000万円で売れます。その装置のパフォーマンスは中に入っている結晶の品質で決まります。つまり、我々の作る結晶を使えば、性能のいいレーザが出せるわけです。これは世界のレーザ市場で戦えると思いました。

結局、2億円で買い取ると、3人の技術者がソニーを退社してオキサイドに入ってくれました。レーザの研究開発を続けたいから、技術を継承してくれるなら移る、というのです。こうして結晶メーカーだった我々がレーザの装置を作れるようになりました。結晶とレーザを準備してチャンスを待っていたら、今から3、4年前に、本当に我々のレーザが使われるようになりました。現在では60億円の売上高の半分がレーザのビジネスです。戦略がうまくはまりました。

この決断ができたのは、子どもの頃、体が弱かったことが関係しているかもしれません。いつまで生きていられるかわからなかったので、いつも精一杯生きることが自分の基本になっているのです。

6　うまくいく光景を思い浮かべる

オキサイドは2021年に東京証券取引所マザーズ市場[★4]に上場しまし

★4　2022年に東京証券取引所グロース市場に移行している。

た。当時の売上高は35億円ですから、この2年で倍近くに伸び、時価総額の126億円は2倍以上になりました。

会社を経営してみてわかったのは、最初からうまくいくイメージを持っているか、持っていないかで結果が全然違ってくるということです。先日、イスラエルの企業を買収しましたが、最初に、みんなが笑顔で乾杯している光景がパッと浮かびました。成功した場面をまず想像して、そうなるためには今何をするべきかを考えるんです。

特に技術者は目の前の課題にひたすら取り組む傾向がありますが、その課題はまあまあできればよくて、もっと重要な次の課題に時間をかけたほうがいいという場合がよくあります。最終的な目的は何かというイメージを描いてから仕事を始めるのが大事だと思います。

7　採用基準は「自分より何ができるか」

私は研究者から経営者になりましたが、自分は経営者のほうが面白いし、向いていると思います。起業した頃はビジネスもスローで時間があったので、何百冊も本を読みました。いちばん参考になったのは、デール・カーネギーの『人を動かす』★5です。「人を動かす三原則」「人を説得する十二原則」など、人間関係の原則が具体的に書かれています。

別の本に、会社の規模は社長の器で決まると書いてあったのはショックでしたね。自分の大好きなオキサイドが私の器で決まってしまうなんて、どうしたらいいのか悩みました。答えを求めてさらに本を読んだ結果、自分にできることは限られているので、できないことは人にサポートしてもらうしかないという結論に達しました。

だから、オキサイドで人を採用するときは、この人は私より何ができるか、を見ています。パートさんを含めて、ほぼ全員の採用試験に私が関わっています。

開発ベンチャーの中には、優秀な社長さんが何でも自分でやってしまう会社がありますよね。でも私の場合は、わりと自分を客観的に見ているので、自分の得意なこと、不得意なことを冷静に理解しています。だからこ

★5　1936年に発売されて以降、全世界で1500万部以上売れているデール・カーネギーのベストセラー書籍。人間関係にまつわる30の原則を物語調で学ぶことができる。

そ、自分が苦手な分野は、得意な人にどんどんやってもらう方針なのです。

古川保典の経営哲学7箇条

1 リスクを冒さないことがいちばんのリスク
2 自分の価値は自分で上げていく
3 研究成果を世の中に役立てる
4 自分たちにしかできないことをやる
5 将来的に付加価値が出るかどうかで決断する
6 うまくいく光景を思い浮かべる
7 採用基準は「自分より何ができるか」

人生の幸福曲線

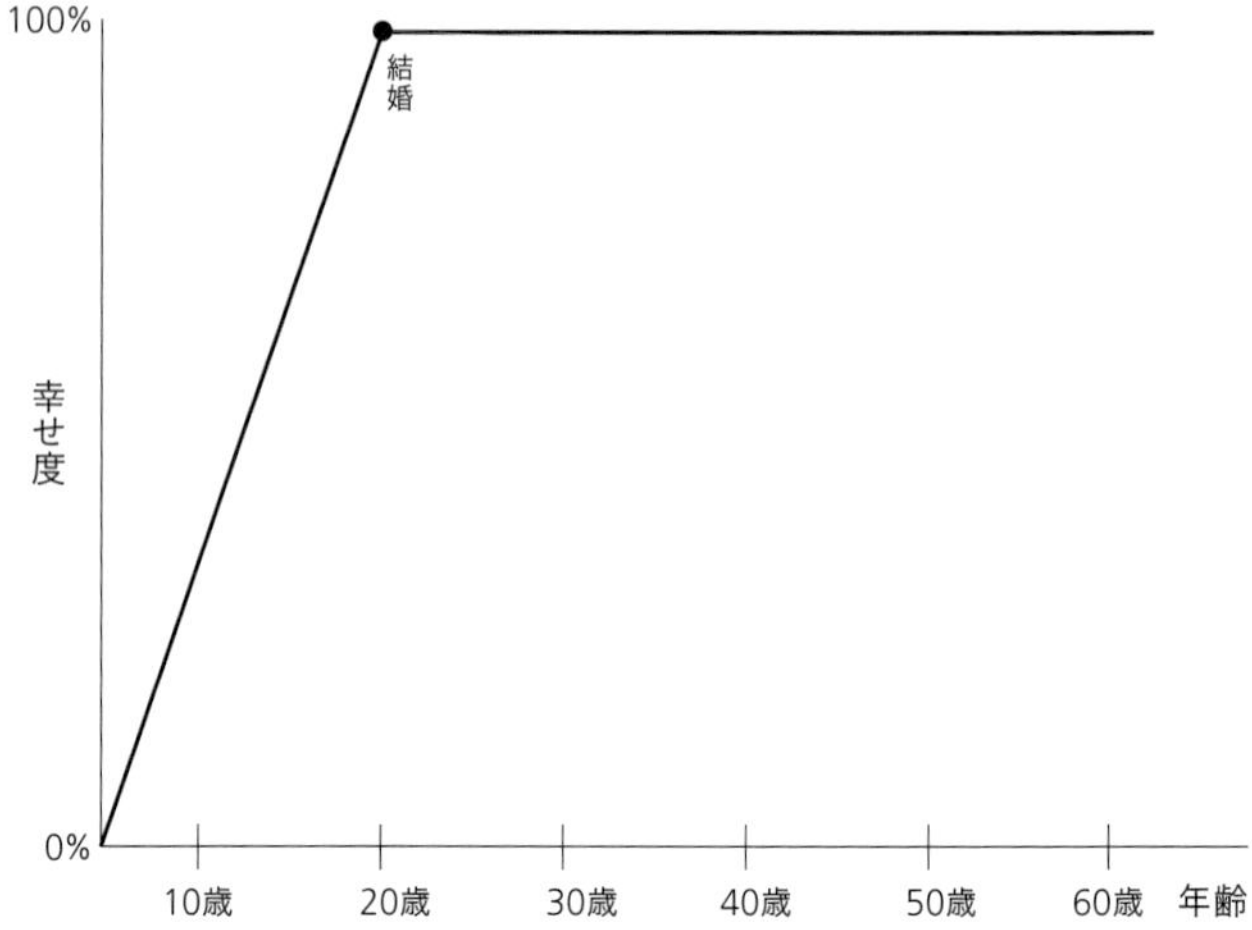

人生の収入曲線

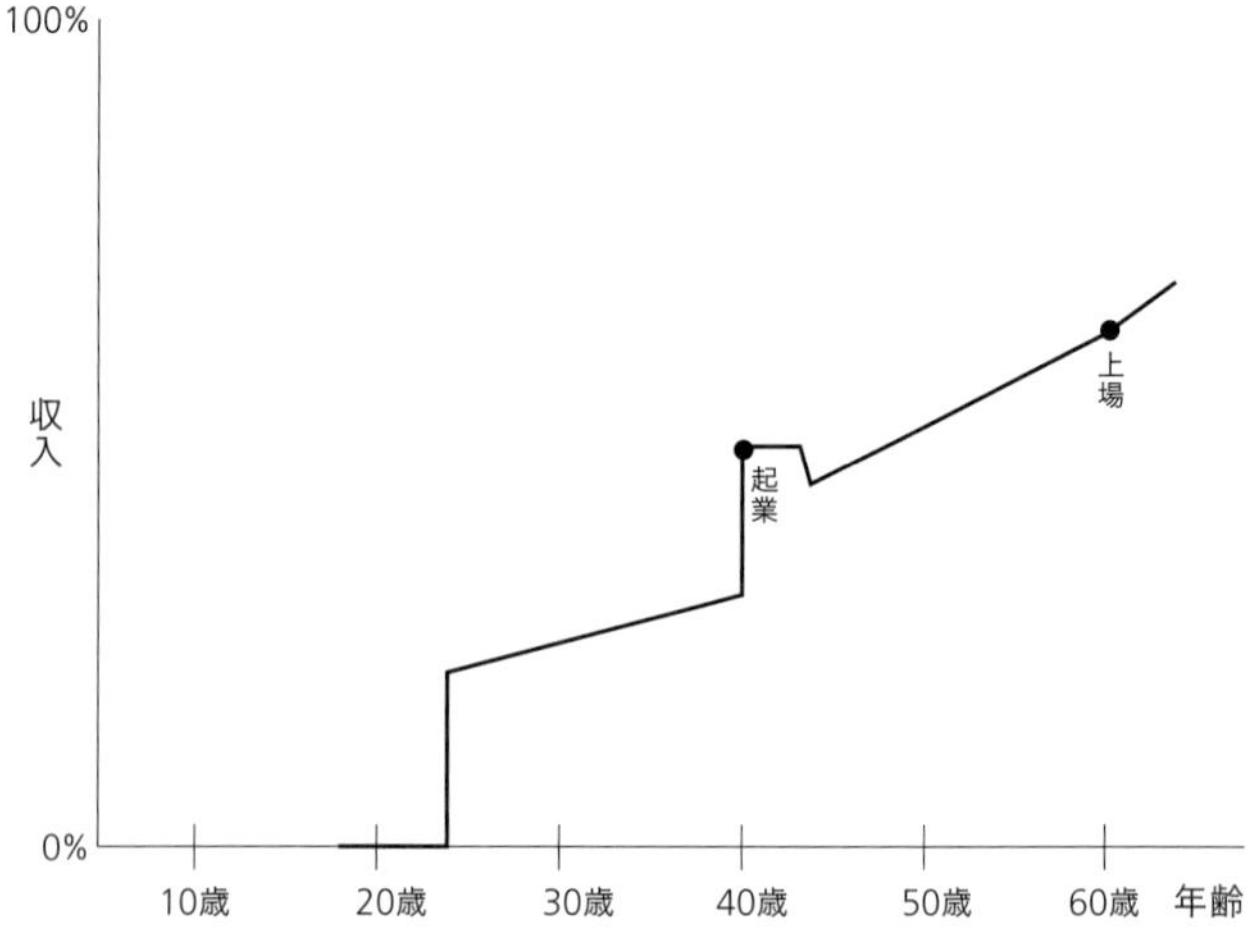

継承

築きあげられた組織を
時代に合わせて刷新していく哲学

グローバルな組織で「日本」の存在を言葉を尽くして伝えること

アメリカン・エキスプレス・インターナショナル日本代表／社長
須藤靖洋

須藤靖洋　Yasuhiro Sudo
アメリカン・エキスプレス・インターナショナル日本代表／社長。1990年に大学を卒業し、同社に入社。シドニーオフィス勤務などを経て2001年にマーケティング部。2011年から2022年までに複数の事業の責任者を務め、2023年7月から現職。

1966年　仙台に生まれる
1990年　大学卒業、アメリカン・エキスプレス・インターナショナル, Inc. 入社
1994年　シドニーオフィス勤務（1997年帰国）
2001年　マーケティング部門
2011年　マーケティング部門副社長に就任
2016年　法人事業部門　副社長兼ジェネラル・マネージャーに就任
2023年　日本における代表者（社長）に就任

1　具体的な勝ち方を定義する

新卒でこの会社に入って34年目の２０２３年、社長に就任しました。それまでの日本の社長はアメリカ本社や海外から来ることが多く、内部から選ばれることは想定していなかったので、就任が決定した時は驚きましたね。

今、世の中でリスキリング[★1]が話題になっていますが、私も２０２２年にイギリスのウォーリック大学のビジネススクールに入学し、ＭＢＡ取得に向けて学んでいるところです。まさか翌年に社長になるとは思わないで始めてしまい、勉強時間を捻出するのが大変なんですよ。

授業はオンラインで受けて、最終的に１００ページほどの修士論文を提出します。最初は、なぜ自らいばらの道を選んだのかと後悔する時もありましたが、いざやってみると勉強になることがたくさんあります。

例えば、「Strategy as Practice」という授業では、どう戦略を立て、それ

★1　新たな業務や仕事に就くために、新しいスキルを身につけること。

をいかに社員に落とし込むかという、まさに私が社長としてやるべきことがテーマになっています。自分が過去にやってきた仕事を学術的な観点から見直すこともできるのです。

論文のテーマは「インバウンド」にしました。国、地方自治体、企業、利用客、地元企業のみんながハッピーになる、5winのビジネスモデルを考えています。2025年1月にある卒業式は、ぜひ現地で出席したいですね。

私はアメリカン・エキスプレス・インターナショナルの日本の代表という立場にいます。会社全体の中長期的な戦略はアメリカの本社が決め、それを踏まえて本社のインターナショナル部門のプレジデントが具体的な戦略を策定するので、それを日本のマーケットに合うものにつくり込むのが私と日本の役員の役割です。

国によってマーケットの状況は違いますから、自ずと戦略も変わってきます。キャッシュレス決済の利用率を見ても、アメリカやイギリスは約7割、韓国や中国は約9割ですが、日本はまだ4割以下です（2023年時点）。その日本で何をすべきかを考え、具体的な戦略を立て定義していきます。

いちばんの鍵は会社を成長させることですから、我々の仕事は最終的に成長率で評価されます。金額よりも成長率をどう上げていくかが重要なのです。

当社の人事評価では、自分の決めた数値的な目標の達成度が50%、残りの50%はそれぞれの社員がリーダーシップをきちんと発揮できているかを見ています。多様性に富んだチームを築き上げる、率直にコミュニケーションを図るといった10項目の具体的なリーダーシップ・モデルが設定されていて、年の始めに上司とともにどう取り組むか話し合います。自分ができていない部分、強化すべき部分を明確にして、そのためにどんなアクションを取るかまで、フォーマットに従って自分で書き込んでいきます。

私自身が特に注意しているのは、「具体的な勝ち方を定義する」という戦略的思考の項目です。思い立ったらすぐ行動してしまう傾向があるので、海外のリーダーから、「一回立ち止まって、なぜそれが必要なのかを戦略的に考えてから動いたほうがいい」と指摘されました。

そこで、一週間の始まりの月曜日に、スマホにリマインドの通知が来るように設定し、戦略的思考を忘れないようにしています。毎週、同じメッセージが来て、消去するということをくり返しているだけですが、だんだん戦略的思考をする癖がついてきました。他の社員も上司との合意のもと、それぞれのアクションを遂行しています。

2　外部の人の視点で物事を見る

当社は1850年に創業してから、170年以上続いている会社です。すでに確立されたビジネスモデルがあり、日々の業務はそれに沿って動いています。その中で日本の我々が新しいことを始めようとするとき、自分たちの判断だけで進めることはできません。やはりアメリカ本社をはじめとする海外のステークホルダーとの合意が必要です。

そうすると、合意を得るために社外を見るより社内を見て、中の人たちを説得することに日々の時間を取られがちになるんですね。目線がどうしても内向きになるので、意識的に会社の外を見る必要があります。ビジネスを継続していくためには、外部の人の視点で物事を見ることが不可欠です。そこは私自身も注意していますし、チームにも常に訴えています。

ビジネススクールでＭＢＡを取得することでも外部的な視点が得られますし、違う角度から物事を考える機会にもなっています。また、経済同友会、経団連などの会合で異業種の方々に会うのも貴重な時間です。特にベンチャーやスタートアップの経営者は世の中の動きに敏感ですね。成長が命ですから、トレンドをしっかり見極めてビジネスをされています。20代の方もすごく勉強されているし、かなり先のことまで考えています。こういう方々と話していると新しい情報が入ってきますし、刺激をもらえて元気になります。

3　失敗を恐れない組織をつくる

10年ほど前、外部的な視点で物事を見る必要性を痛感した出来事がありました。通常、クレジットカードは消費者が小売店で使いますが、当社は企業間の決済にカードを使うビジネスを進めています。すでに歯科業界では歯科材料や機械がカード決済できるようになっていますし、建設業、農業にも力を入れています。

そんな中、私は医療系でビジネスの成長の可能性が高い業界を狙いました。その業界で仕事をしていた人を採用して業界内のことを勉強し、1年以上の時間をかけましたが、結局、高い壁にはばまれ、当時はカード決済を実現できませんでした。

その時に学んだのは、我々はカード業界の目線でしか物事を見ていなかったということです。業界にいた人を採用しても、見えていなかったことが実はたくさんありました。今振り返ると、外部的視点で物事を見ることが私もチームもできていなかったために、間違ったところに時間を費やしていたのです。

このプロジェクトは私の上司も、さらに上の上司も大きな期待を持っていただけに、断念した時はすごく悔しい思いをしました。ただ、結果は出なかったものの、果敢に目標に向かっていったことは評価してもらえました。だから今、私が社長になっているわけで、これがもし、結果偏重主義の会社だったらダメだったでしょうね。

こうした経験から、私が社長になって真っ先に思ったのは、失敗を恐れない組織をつくりたいということでした。管理職の会議でも、社員へのメールでも、これはくり返し発信しています。

評価の仕方も、失敗をマイナスしていく減点方式ではなく、チャレンジを評価する加点方式にしたいんです。よりオープンにみんなが意見を言えて、失敗を恐れずにチャレンジできれば、最終的にイノベーションにつながると思います。失敗を恐れない組織をつくることが、今の私のいちばんのゴールなのです。

4 浸透させたいビジョンは何度も言い続ける

中期計画、長期計画を作成したら、ミッションやビジョンを社員一人一人に浸透させていくのですが、みんなの意思を統一することは想像以上に難しく、大きなチャレンジです。大事なことの一つは、とにかく言い続けること。もう一つは、わかりやすいゴールをつくることです。複雑になればなるほど、みんなが覚えられなくなるので、できるだけシンプルにするようにしています。

社長に就任する前、私は数百名の営業組織を直接指揮していました。そこで、あるシンプルな目標を立てて、3年で達成しようとしたことがあるんです。だるまを買って目標を書き入れました。社員たちは最初、「達成は絶対に無理」と半分笑っていました。

それでも、いろいろな場でみんなに目標を言い続けているうちに、だんだん浸透していきました。現場に行って営業の人に会うと、「須藤さん、ゴールはここですよね」と言ってくれるようになったのです。

いちばんうれしかったのは、ゴルフコンペを開催した時、そのゴールを印刷したゴルフボールを現場の人たちが作ってくれたことです。こちらのメッセージをしっかり受け止めてくれたおかげで、結局、3年で目標を無事に達成しました。思いが通じた経験でした。

みんなのやる気を起こすには、なぜこのゴールを目指すのかを説明し、達成した暁にはどんな未来が待っているのかを示すことが必要です。シンプルな言葉でわかりやすく伝え、未来をしっかり見せることが大事だと思います。

5　人が育つと組織が変わる

会社の将来を考えると、最終的に行き着くのは人の重要性です。例えば、5年後のアメリカン・エキスプレスがどうなっているか、そこにいるのはどんな人たちなのか、活躍しているのはどういう人かを想像します。その未来に向かうために、今いる人たちはそこに行ける人たちなのか、どういう教育があればいいのか、今いない人はどうしたらいいのかを考えるわけです。

組織は人です。いい人が育つと組織は変わっていきます。私は今、新しい知識を学ぶ環境をつくり、グローバルな視点で考えられる人を育てるために、アジアで私と同じ立場にいる人に人事交流を提案しています。最初は同じアジアの中で少しずつやっていこうと呼びかけているのです。

私自身、シドニーオフィスに2年半勤務して多くのことを学びました。半年でも一年でもいいから、海外で働き、海外の文化に触れる機会をつくることが、未来の想像図に登場する人を育てることになると思っています。

6　顧客・会社・社員を判断軸に意思決定する

最近、アジャイル[★2]という言葉がよく使われますが、ビジネスはやはりスピードが大事です。テクノロジーは目まぐるしいスピードで進化していますから、そのスピードについていって情報を得て、迅速に意思決定することが求められます。判断を後回しにしないことが大事です。

意思決定をするときは「3つのC」を判断軸にしています。まず、お客様にとっていいのかどうか（Customer）、次に会社にとってどうか（Company）、最後に社員にとってどうか（Colleague）の3つです。必ずこの3つのフィルターを通すようにしています。

ただ、お客様にとってよくないものは、最終的に会社や社員に何も返ってこないことになりますから、基本的には3Cの中でもお客様にいちばんいいものを優先して選んでいます。

また、多様な視点に基づいて判断できるように、ステークホルダーや

★2　すばやい、機敏な、頭の回転が速い、という意味。アジャイル的思考では、小さな単位で修正をくり返しながら完成度を高めていく考え方が重視される。

現場の社員の声を丁寧に聞いています。私は社歴が長く、いろいろな部署を経験していて一緒に働いたことのある社員も多いので、自分では大半の社員とオープンに話せるほうだと思っています。

しかしながら、社長になるとどうしても社員の声を聞く機会が減るだろうと思い、役員より下の人たちと話せる場をつくってもらっています。実際に話を聞いてみると、直接的な部下だけではなく、現場の人から学べることもたくさんあります。特に、コールセンターに行って電話のモニターをするのが好きです。オペレーターの横に座ってお客様とのやりとりを聞いていると、オペレーターがどういう苦労をしているのかがわかります。

こうした情報は、上がってくる数字を眺めているだけでは決して見えないものです。現場に行ってみないとわかりません。現場の声を聞いて問題点が明らかになれば、会社としてどう解決し、どうすれば効率よく仕事を進められるかを考えることができます。

営業の組織を担当していた時も、毎年必ず営業所に行って話をしていましたが、一緒に食事をしていると、ぽろぽろと本音が出てくることがありました。本音を聞き出すのも、リーダーの大事な仕事だと思っています。

7 異文化の中でも言葉を尽くして伝える

この会社で多様な文化に触れているうちに視野が広がり、グローバルな視点から物事を考えられるようになりました。我々の本社はアメリカですが、それ以外にも、テクノロジーやファイナンスはインド、マーケティングはイギリスや米ニューヨークなど、ファンクションが分散されていて、いろいろな国の人と仕事をしています。

国によって仕事の進め方も、休みの取り方も違います。そういう人たちと同じ目標に向かい、ゴールを達成するのは、純粋な日本企業にはないチャレンジです。

文化はアメリカとイギリスでも違いますし、同じアジアの国々でも当然違います。いろいろな国の人と一緒に仕事をしていくためには、それぞれの違いをまず我々が受け入れる必要があります。そうしないと対等に話ができないし、逆に日本のことを他の国の人にわかってもらうこともできません。受け入れた上で、日本の文化やマーケットの状況を説明します。我々にとっては当たり前のことも、海外の人にはそうではないんです。

例えば、海外の人と一緒にゴルフ場に行くと4人乗りのカートに驚かれます。海外では2人乗りが一般的だからです。日本では仕事の接待でゴルフに行くことが多く、カートの中はみんなでビジネスの話をするソーシャルな場ですが、海外の人にはそういう感覚はありません。

先日、当社の海外のプレジデントの一人から、「須藤さんが思っているほど、僕らは日本のことを知らない。3歳、4歳の子どもに話すように教えてあげたほうがいいよ」と言われました。日本の文化がわからないと、我々がなぜこの戦略をとるのかも理解してもらえません。相手の考えの背景にあることまで想像しながら、時間をかけて説明するようにしています。

また、日本人は商品やサービスに対する要求レベルが高く、顧客満足度の調査をすると、一般的に他国に比べて数字がかなり低くなります。それを説明しておかないと、日本だけどうしてこんなに数字が低いんだと問題になり、我々の評価が下がってしまいます。

日本にいると、自分たちは特別という発想に陥りがちですが、海外には日本以上のクオリティでいろいろなことを進めている国が数多くあります。経済大国とはいえ、相手は自分たちが思うほど日本のことを気にしていません。だからこそ、自分たちをしっかり売り込んで日本をアピールしないといけないのです。

当社では、会議に文化の異なる参加者がいればいるほど、主催者はケアをしてくれます。日本人は語学の問題もあって寡黙になりがちですが、そういうときにはリーダーが、「あなたはどう思うの？」と聞いてくれるのです。私も、社員一人一人が自分の意見を言える環境づくりを心がけています。

須藤靖洋の経営哲学7箇条

1 具体的な勝ち方を定義する
2 外部の人の視点で物事を見る
3 失敗を恐れない組織をつくる
4 浸透させたいビジョンは何度も言い続ける
5 人が育つと組織が変わる
6 顧客・会社・社員を判断軸に意思決定する
7 異文化の中でも言葉を尽くして伝える

一粒で二度、三度おいしい仕事をする

株式会社タニタ代表取締役社長　谷田千里

谷田千里　Senri Tanida
タニタ代表取締役社長。創業家に生まれ、2008年に3代目社長に就任。「タニタ健康プログラム」、「丸の内タニタ食堂」、「タニタカフェ」などの事業を立ち上げ、健康計測機器メーカーの企業イメージを大きく変化させた。

1972年　大阪府に生まれる
1997年　専門学校、短期大学で調理師・栄養士・中学校家庭科教諭の資格を取得した後、佐賀大学理工学部を卒業
2001年　株式会社船井総合研究所などを経てタニタ入社
2005年　タニタアメリカに出向
2008年　35歳でタニタ代表取締役社長に就任
2012年　「丸の内タニタ食堂」オープン
2021年　ヘルスメーターの国内累計販売台数が1億台を達成

1　正論を押し通せばいいわけではない

私は父がタニタ[★1]の大阪営業所長だった時に大阪で生まれました。4人きょうだいの2番目です。きっと小さい頃に母親と買い物に行って、お店の人に「おばちゃん、なんぼ?」と聞いていたんでしょうね。お金にこだわらないきょうだいの中で、私がいちばん大阪商人の気質を持っています。

幼稚園の時に東京に移り、立教小学校、立教中学・高校に通いました。母は4人の子どもの世話で忙しかったので、私はよく台所で母の手伝いをしました。母がいない時には食事も作りました。コンソメのキューブをお湯にとかしてトマトジュースを加え、パセリを散らしたトマトスープのように、最初は簡単なものを作っていましたが、ほめられるとうれしくなって次第に料理をすることが好きになっていきました。

高校時代、父はタニタの2代目社長になっていました。私は自分の人

★1　体重計・体組成計を中心に、クッキングスケール、活動量計（歩数計）などを製造する健康計測機器メーカー。1944年設立。1994年に乗るだけではかれる世界初の家庭用脂肪計付きヘルスメーターを発売した。

生が父親に決められていくことに反発を感じて、大学には行かず、新宿の調理師専門学校に入学しました。

ところが、調理師免許を取って働こうとした矢先、ヘルニアで腰の手術をすることになってしまったのです。主治医から、立ち仕事になる飲食店で働くと再発するからやめたほうがいいと言われ、別の人生を歩むことにしました。

やはり食に関わる仕事がしたかったので、栄養士を職業とすることとしました。就職活動をした経験から、学歴が必要なことがわかっていたので、家庭科の教員の資格も同時に取れる佐賀県の短大に入学しました。さらに運よく編入試験に合格できたため、佐賀大学理工学部に編入し、卒業後は、飲食にこだわったカラオケ店を経営している企業に就職しました。

しかし、そこは長時間勤務が当たり前の創業期の企業でした。ありえない業務に嫌気がさし、3カ月で退職し、父の紹介で船井総合研究所に就職しました。名刺の渡し方ひとつから社会人として仕事の基礎を学びました。厳しいことも言われましたが、ここでダメなら今後の自分のビジネス人生はないという危機感があったので、経営コンサルタントの仕事に一生懸命に食らいつきました。成長させてもらっていると思うと、上司や先輩の言葉もポジティブに感じられるんです。だんだん仕事が楽しくなっていきました。

そして29歳の時、父に請われてタニタに入社しました。配属は経営戦略室で、会社全体の経営を見る部署です。経営コンサルタントをしていた私の頭の中は、理論が優先していました。ダメなものはダメ、これは売れません、廃番にしましょうと、その商品の企画者を前に、相手の気持ちも考えずに自分なりの正論を言っていました。今思えば、敵をつくるはずです。

3、4年たつと父から、「おまえはグローバル・ビジネスを学ぶべきだ」と、タニタアメリカという販売会社への出向を命じられました。なぜ一生懸命やっているのに子会社に行かされるのか、釈然としません。

実はグローバル・ビジネス云々は建前で、私が社内でかなり反感をかっていたので、少し冷却期間を置くために島流しにされたのでした。

タニタアメリカでは、「きみはなんで飲みに行かないんだ。アフター5にみんなと交流するのも仕事のうちだ。費用は請求していいから、そこまでちゃんとやりなさい」とアメリカ人の社長に言われ、従業員のケアがいかに大切なことか、そして、正論を通せばいいわけではないことも教えてもらいました。今ではアメリカに行って本当によかったと思っています。

2　前例を踏襲せず、突破する

人間は保守的で前例を踏襲したがります。しかし、そこを突破しないと会社は変わりません。先がどうなるかわからなくても恐れずに、変化を尊ぶことが大事なのです。

それを実感したのが、タニタ食堂にまつわる出来事です。２００９年にＮＨＫが取材に来て、タニタの社員食堂を番組で取り上げてくれました。タニタの宣伝になればいいなと思っていたら、やはり反響があり、二つの出版社から社員食堂のレシピ本の出版のお話をいただきました。出版といっても、最初はうちが買い取る自費出版に近いものです。１０００人くらいに配ってタニタのファンが増えるならと思い、広報活動として引き受けました。まさか、後にシリーズ累計発行部数５４３万部の大ヒットになるとは想像もしていませんでした。

２０１０年に『体脂肪計タニタの社員食堂』（大和書房）として刊行すると話題になり、ベストセラー1位になる書店もいくつか出てきました。そこから、「タニタの社員食堂で食べてみたい」というお客様からの問い合わせが、連日、何十件も来るようになったのです。東京・板橋区にある本社を訪ねてくる方もいて、たまたま通りかかった私が対応したこともありました。

お客様のニーズを目の当たりにして、どこかにお店を作って社員食堂のメニューを食べられるようにしないと怒られちゃうな、と思いました。そもそも会社はお客様の期待に応えるために存在しています。食べたい人がこれだけいるのだから、やらない手はないですよね。

しかし、取締役会に提案すると、全員に反対されました。タニタはメーカーですから、食堂というサービス業は全くの異業種なんです。それでも私は引き下がりませんでした。前職が経営コンサルタントなので自分で調査し、失敗したときの損失も計算して資料を作り直して、改めて取締役会の承認を得ました。

こうして2012年に「丸の内タニタ食堂」、2018年には新業態の「タニタカフェ」をオープンしました。これにより健康計測機器メーカーであるタニタのブランドイメージは大きく変わりました。今では食品会社から監修商品の話もたくさんいただいています。

3 人間万事因己《にんげんばんじおのれがもと》

タニタ食堂の企画は、取締役全員に反対されるところから始まりました。会議で全員が賛成するアイデアは、すでに雑誌・新聞などに出ていることが多いんですよ。多少なりとも知っているものは理解しやすく、反対意見が出にくくなるんですね。

それに対して新しい商品や考え方は、「何ですか、それは？」という反応が返ってきて、なかなか賛成してもらえません。反対の声が上がるのは新しい発想の証しでもあります。大企業なら、みんなが賛成する模倣モデルを進めても一定の市場を取れるからいいんですけど、タニタくらいの規模の会社は、模倣ではなく新しいものに挑戦したほうがいい。私はみんなが反対すると、これは世の中にないものなんだな、と思って、逆に安心するくらいです。

社長になって何年かすると業績が安定してきて、時間にも少し余裕が出てきました。そこで、会社の理念とか行動指針を定めようと、社史や資料を読んで会社の歴史を調べ始めました。その時に出合ったのが、「人間万事因己」という祖父の残した言葉です。

私にとって祖父はおもちゃを買ってくれる、やさしいおじいちゃんで、会社や仕事でどんな人だったのかは全く知りませんでした。私が高校生の時に亡くなり、上野の寛永寺で社葬が営まれました。すると、お焼香の列が何時間も絶えないほど多くの方が参列してくださったのです。その時、初めて祖父という人の大きさに気づきました。

「人間万事因己」は、何をやっても自分の責任だと思いなさい、という教えです。会議では売れ行きの悪さを営業のせいにしたり、商品開発のせいにしたり、みんなすぐ他人の責任にしたがりますよね。でも、物事の原因は自分にもどこかで関係しているはずです。言い訳ばかりしていても、自分の失敗ではないため、そこから何も学べません。自分ごとと解釈して学びを得るためには、責任を認めることが大事なのです。

4　自分の欲を介入させない

祖父からは「人間万事因己」という言葉を受け継ぎ、父からは私が社長になる時にこんなことを言われました。

「今後は判断することが増えるから、迷うこともあると思う。そういうとき、瞑想でもヨガでもいいから自分の心を落ち着けて、自分のエゴが入っていないか、社会的に正しいかどうかを考えて判断しなさい。私もそうやってきた」

私はこの言葉をそのまま踏襲して、経営をしています。判断に迷ったときは、まず自分の欲望が入っていないかどうかを見定めます。その上で、どちらをやったほうが社会のためになるのか、パーセンテージの高いほうに舵を切ります。

私は瞑想まではしませんが、何か問題があると食事をしていても、お風呂に入っていても、眠っていても、頭のどこかでずっと考え続けています。いろんな角度から自分に問いかけ、それでいいのか、違うのか、行ったり来たりしながら結論を導き出しています。

5　一粒で二度、三度おいしい仕事をする

ある取材で座右の銘を書くように言われて、急遽考えたのが「一粒で二度、三度おいしい」というお菓子のキャッチフレーズをもじったひと言でした。効率よく働きたいという思いから出てきた言葉です。

例えば、売上が悪いときは、代理店、お客様対応、営業、商品など、いろいろなところに原因があるわけですが、一つの対策で複数のところにメスが入れば効率よく改善することができます。リスクヘッジの意味もあります。

私自身、新しい企画を立てて失敗した経験があります。ポケッタブルスケールはそのひとつです。この商品は、無骨で無機質なイメージのあ

る料理用はかりのデザインを可愛くして、ダイエット目的で使ってもらおうと企画したものでした。

ただ、この商品を作った目的は、もう一つありました。それは、可愛らしいデザインを作るために、鏡面転写という新しい製造方法を試すことです。結果的に商品はあまり売れませんでしたが、技術を試用することができ、意味のある企画になりました。


他にも、こんな事例があります。コロナ禍で、ある病院が皮下脂肪の厚さをはかり、短い針の注射器でワクチン接種をしていました。長い針より短い針のほうが、ワクチンを節約できるからです。その仕組みを聞いて、注射用の皮下脂肪厚計を発売しました。タニタには小型の皮下脂肪厚計があったので、これを改良し、皮膚と筋肉の間の皮下脂肪の厚さを、約5秒ではかれる商品として発表しました。社会的なニーズに応えるためです。

この商品ではもう一つ、スピードにも挑戦しました。通常、新商品の発売には半年から1年かかります。それを2～3週間に短縮することができました。結局、売れ行きはよくなかったものの、短期間に新商品を作れることがわかりました。自分としては一粒で二度、三度おいしいを実践できたのではないかと思っています。

後日、祖父が「二段構え、三段構えで事に当たれ」と言っていたことを知りました。祖父も同じことを考えていたのだなと、不思議なつながりを感じています。

6　好きなものと商品企画を結びつける

アニメやゲームのキャラクターをデザインしたヘルスメーター、クッキングスケール、歩数計などを何十種類も発売しています。

ゲームは私も好きですし、自分の好きなことだと仕事に熱中できるというのもわかるので、そのキャラクターが好きな社員に商品開発を任せています。大好きな漫画の作者に会って商品を作り、うれしさのあまり燃え尽き症候群のようになって、3カ月くらい仕事が手につかなかった社員もいました。

作品のファンが手がけるから、こだわりがすごいんですよ。例えば、『僕のヒーローアカデミア』の商品は敵側と味方側のキャラクターで本体の色が微妙に違います。すべての商品を前に「この違い、わかりますか？」と言われましたが、私は、そこまでのこだわりに気づくことができませんでした。

『刀剣乱舞』の商品も、版権を持つ会社からすでにオーケーをもらっているのに、微妙な色合いが違うといって普通の業務以上の調整をしていました。ファンの方には細かい違いが伝わるんでしょうね。適当なところで終わらせずに、残業してでもこだわって作っています。タニタのコラボ商品には魂が入っているんですよ。

他社ではファンだからという理由で商品を担当させることは、あまりないかもしれませんが、タニタでは好きなものに真面目に取り組んで力を発揮してもらうようにしています。なぜなら、当初の予定通りに行く

ことは少なく、うまく行かないときにも、自分の好きなものなら頑張れると思うからです。もちろん、こういうときに「周りもフォローするからどんどんやって」と焚き付けるのも社長の役割です。しかしながら、私が手助けできるのはそこまでです。諦めるか否かを決めるのは本人ですからね。

7　楽しく働くために、主体的に動く

私は何かあればすぐ顔を出せるように、会社の近くに住むようにしています。朝は4時か5時に起きてメールをチェックし、7時に朝食をとって、歩いて出社します。夜は会食が多いのですが、帰りに会社に明かりがついているのを見ると、たまに立ち寄って社内を回り、従業員に声をかけるようにしています。

仕事において重視しているのは主体性です。仕事は上から与えられて

やるものではなく、自分がやりたくてやるものです。楽しく働くには自分から動かないといけないんです。

若手社員を焚き付けて作ったのが、２０２３年に発売した「ポケッタブルスケール ＧＲＡＭＩＬ（グラミル）」[★2]です。クッキングスケールは調理の際に食材や調味料をはかるものですが、これは食事の前に摂取する食品量をはかるもので、Bluetooth、充電器などの技術も確立できるので、開発費をかけました。

前述のポケッタブルスケールはあまり売れなかったですが、アスリートが減量するために「食べる量を個人ではかる」というニーズはあると思っています。

井上雄彦『ＳＬＡＭ ＤＵＮＫ』に「諦めたらそこで試合終了ですよ」という安西先生の名言があります。以前のポケッタブルスケールが売れなかったことは、他責にしないで自分の失敗のカテゴリーに入れてはいますが、まだ諦めてはいません。今は「ＧＲＡＭＩＬ」の売上を何とか伸ばそうとしています。諦めるまでは本当の失敗ではないのです。

★2 食事量を計量・記録することでアスリートの減量をサポートするポケッタブルスケール。専用のアプリ「ＧＲＡＭＩＬ」を使うことで、食事や水分の摂取量を記録し、体重と併せて管理することができる。

谷田千里の経営哲学7箇条

1 正論を押し通せばいいわけではない

2 前例を踏襲せず、突破する

3 人間万事因己

4 自分の欲を介入させない

5 一粒で二度、三度おいしい仕事をする

6 好きなものと商品企画を結びつける

7 楽しく働くために、主体的に動く

人生の幸福曲線

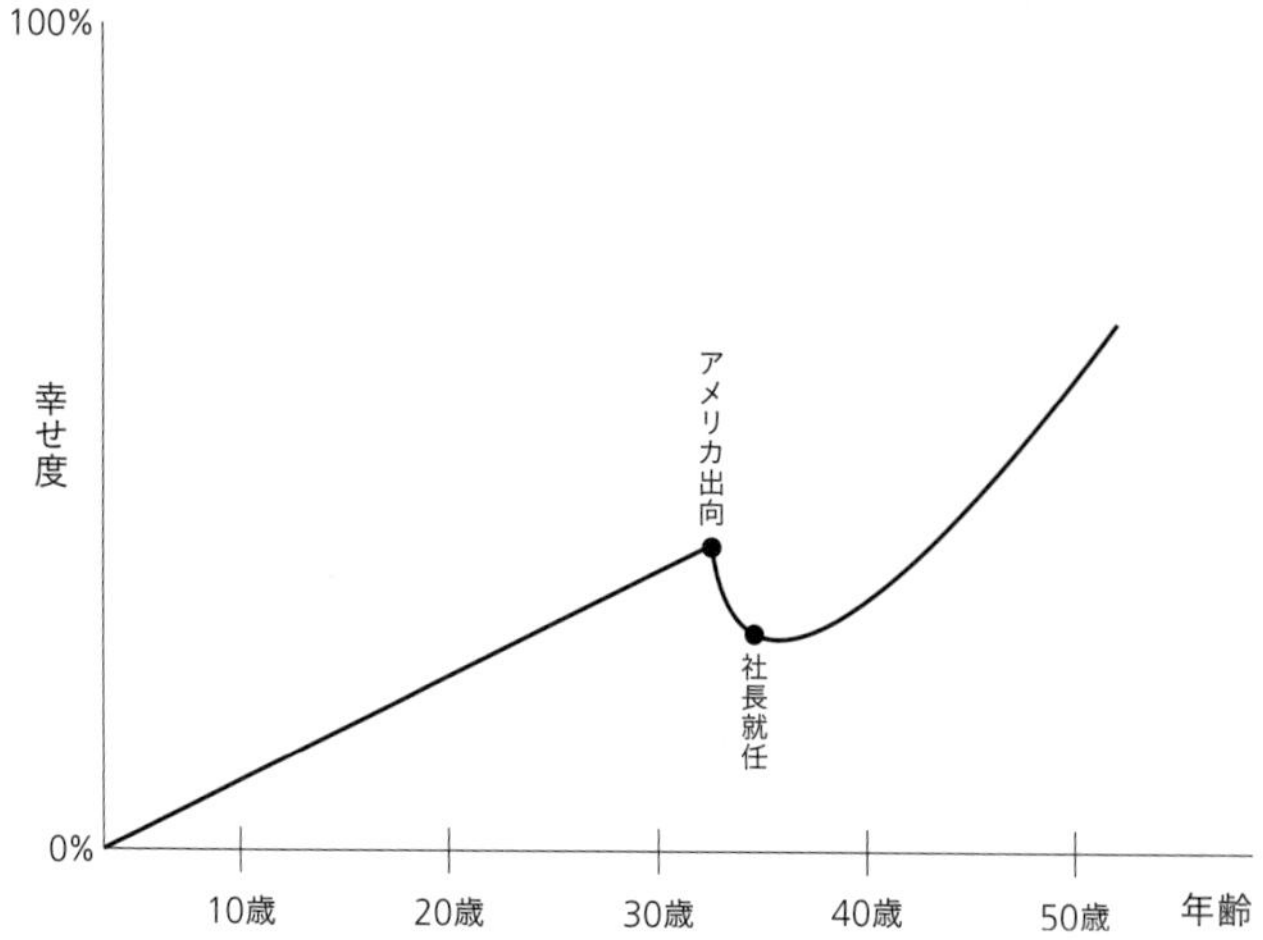

人生の収入曲線

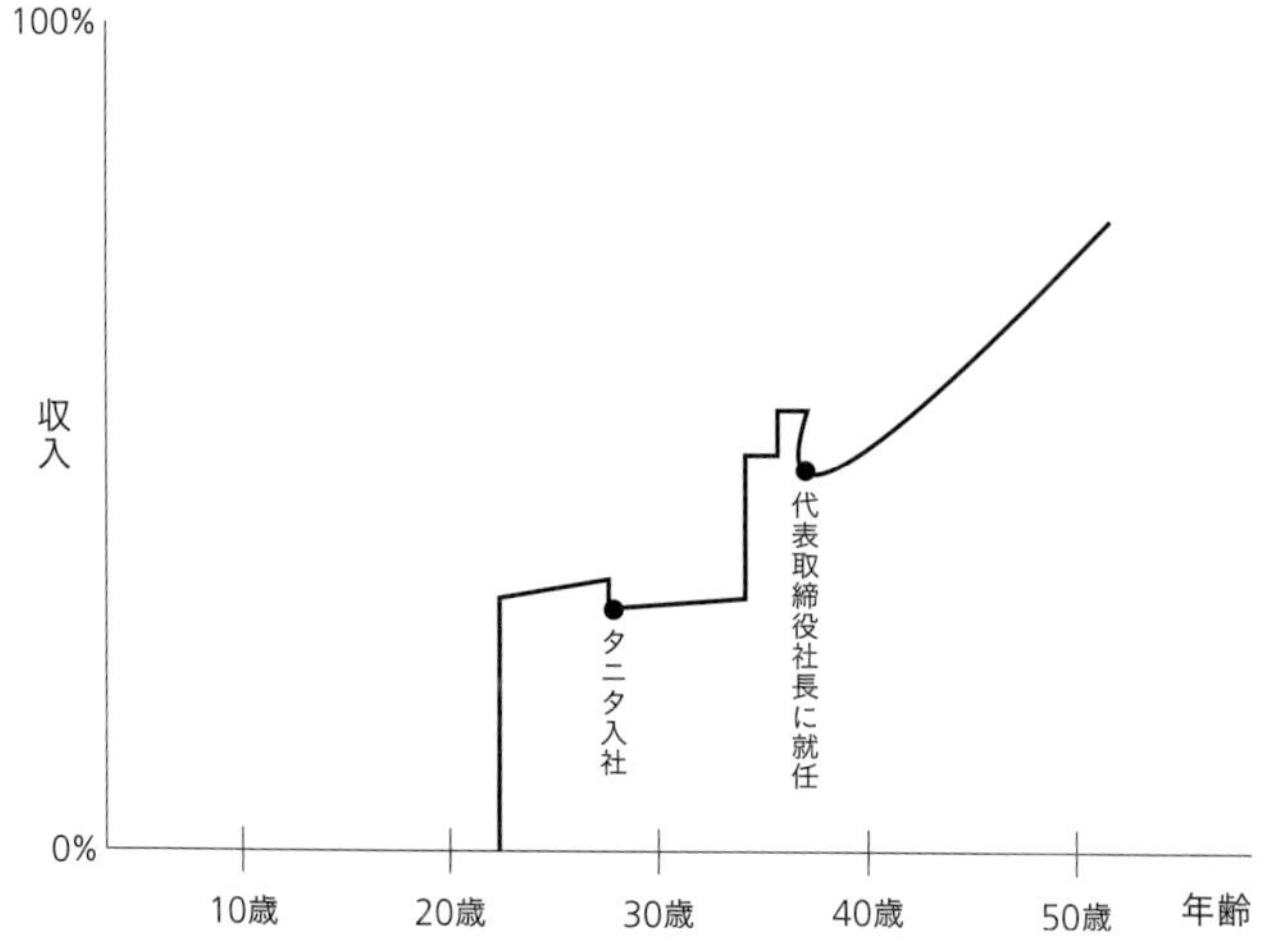

Why not ではなく How yes で考える

スワロフスキー・ジャパン株式会社代表取締役社長
鈴木正規

鈴木正規　Masaki Suzuki
スワロフスキー・ジャパン代表取締役社長。東京で生まれ、ヨーロッパで育ち、アメリカの大学を卒業後、日立製作所に就職。その後、日本ロレアル、テスラ・ジャパンなどを経て2018年にスワロフスキー・ジャパン入社。2023年から現職。

2000年	米国の大学を卒業し、日立製作所に入社
2004年	ロレアルグループに入社し、日本の化粧品ブランドの海外進出などを担当
2012年	米国のスポーツブランド、オークリーに入社し、北アジア地域を担当
2016年	電気自動車のテスラ・ジャパン入社
2018年	スワロフスキー・ジャパン代表取締役に就任
2023年	同社の代表取締役社長に就任

1　ノーボイス、ノーオピニオン

日本には幼い頃から強い憧れを抱いていました。私は鈴木正規という日本の名前を持っていますが、大人になるまで日本に住んだことがなかったのです。母はオーストリア人、父は日本人です。東京で生まれ、すぐに父の仕事の都合でドイツに渡りました。その後はオーストリアなどヨーロッパのインターナショナルスクールで学び、アメリカの大学で国際経済学と経営学を専攻しました。

当時のヨーロッパでは私のようなミックスの人は珍しかったのですが、アメリカに行くと文化の異なる人たちが共存していて、居心地がよかったですね。いろいろなカルチャーの人と話すことによって、刺激やインスピレーションを与えてもらいました。

大学卒業後は日本に住んでみたいという夢を叶えるべく、日本で仕事を探し、日立製作所に就職しました。せっかく日本に行くのですから、外資系企業ではなく日本企業に入りたかったんです。

日立製作所での4年間は、仕事はもちろん、日本人の考え方を知ることができて非常に充実していました。歴史のある会社なので、社員教育がしっかりしているんですよ。ミーティングの10分前には着席するとか、お客様とエレベーターに乗ったらどこに立つべきとか、タクシーではどの席が上座か、などといった、ビジネスマナーのいろはを教えていただきました。

今、社長として取引先の方に会うと、「正規さんは日本人以上に日本人だね」と言われることがありますが、これも日立製作所での4年間のおかげだと思っています。

その後、ロレアルグループに転職し、化粧品ブランド「シュウ ウエムラ」の東南アジアでのビジネス拡大、香港を拠点にした北アジアでの免税店ビジネスを担当し、化粧品ブランド「キールズ」の事業部長を務めました。8年間在籍し、数多くの挑戦をさせてもらいました。

キールズの事業部長をしていた時、社員の中に会議で発言しない人がいました。頭の中でいくら素晴らしいアイデアを持っていても、会議で発言しないと伝わりません。私はそういう日本の企業文化を変えたくて、部下に「ノーボイス、ノーオピニオン」と何度も伝えていました。発言しなければ、意見を持っていないとみなしますよ、ということです。

この言葉は少し厳しく聞こえるかもしれませんが効果があり、みんなが次第に会議で発言するようになりました。話し合いが活発になればなるほど、当事者意識が生まれ解決策が出てくるので、発言することはとても大事なのです。

それから、会議では他の人の発言を否定しないことも大切です。否定した時点で発言しなくなる人もいます。どんな意見もいったん受け入れ、議論がいい方向に進むように導いていくように心がけています。どうしてそういう発言をするのか、バックグラウンドを読み取ろうとすると、その人の過去の経験や現在のマインドが見えてくることもあるのです。

2　消費者の目線を忘れない

30代半ばからは、サングラスやアパレルのブランド「オークリー」で、北アジアのマーケットの小売を担当しました。日本、韓国、中国のチームと関わり、国ごとにやり方を変える工夫をしたり、海外の手法を日本に取り入れたり、さまざまな経験をすることができました。

3カ月に1度、アメリカ西海岸に出張していたのですが、そこで初めて電気自動車を知りました。テスラの創業者であるイーロン・マスクに興味を持ち、著作を読んでいたところ、米テスラ本社から直接声をかけていただき、2016年にテスラ・ジャパンに入社しました。

テスラは非常にユニークな会社です。独特な経営方針があり、目標達成のためにひたすら突き進むので、非常にスピーディーなんです。プライオリティをつけて、みんなでまっすぐ目標に向かっていくカルチャーでした。当時は、電気自動車もブランド名もまだ十分認知されていない日本でお客様を増やしていくことに、やりがいを感じていました。

そして、2018年にスワロフスキー・ジャパン[★1]の代表取締役に就任しました。

振り返ると、いろいろな業界のブランドを多岐にわたり手がけてきましたが、業界が違っても、仕事の8割は共通していると感じています。商品があり、価格があり、お客様がいる。それに対してどういう施策をとるかが8割です。残りの2割は、いかにブランド・商品の特徴に合わせて変えていくかです。お客様がその商品に価格以上の価値を見出し、ほしいと思えるような施策を考えればいいわけです。

いい商品をより多くの人に知ってもらい、喜んでもらう。小売業でいちばん大事なのは消費者の目線を忘れないことです。自分自身が商品を見てどう思うのか、お客様はどう思うのか。その原点をきちんと押さえることが大事だと思っています。

★1 1895年に、オーストリアでダニエル・スワロフスキーが創業。独自のカッティング技術によるクリスタルを製造販売。素材だけではなく、1976年から自社でも装飾品やジュエリーを手がける。150カ国に店舗があり、日本ではアウトレットを含め約110店舗及びオンラインストアを展開。

3　戦略を社員一人一人に浸透させる

私は2018年にスワロフスキー・ジャパンに入社し、BtoB事業部とBtoC事業部の代表取締役を経て、2023年に社長に就任しました。

スワロフスキーは、1895年にオーストリアのダニエル・スワロフスキーがクリスタルのカッティングマシーンを開発したことから始まりました。現在まで進化を続けてきたカッティング技術は唯一無二のもので、門外不出です。工場の中にはスワロフスキー家のメンバーと、ごく限られた人しか入れない一角がありまして、私も入ることはできません。

最初はクリスタルを素材として、ラグジュアリー・ブランドをはじめ、さまざまな会社に提供していましたが、1976年にオーストリアのインスブルックで冬季オリンピックが開催された時、職人がシャンデリアのパーツでネズミのオブジェを作って売り出しました。それを機に、自社でも装飾品やジュエリーを製造販売するようになりました。

現在ではBtoCの事業が中心になっています。洗練されたデザインのジュエリーやヘッドフォンをつけたＤＪスタイルのクマのオブジェのように遊び心のあるものなど、年2回、新商品を発表しています。

スワロフスキーはいまだに家族経営の会社です。株式を上場していないので、自分たちで経営方針を決めることができるため、スピード感をもって事業を進められるのが強みです。

私たちは本国からグローバルに発表される経営方針をもとに、日本のマーケットにどう落とし込むかを考えて成長戦略を立てています。その戦略は社員、販売スタッフ全員と共有しています。

年に何回か、オフィススタッフ全員と全店長が集まる機会に、戦略をくり返し説明します。戦略が一人一人に浸透すると一つのカルチャーになり、実行につながります。「また同じ話か」と思われたとしても、くり返し説明することが非常に重要なのです。

私は日本のマーケットに合う戦略を日々考えていますが、逆に日本で成功した施策を本国に発信して、グローバルの戦略に活かしてもらうことも必要だと思っています。

4 自信たっぷりな態度で積極的に動く

私たちが重視している経営方針の一つが「Unleash the Swagger」です。直訳すると、威張った態度を解き放つ。つまり、自信に満ちあふれた態度で、積極的にいろいろなことに取り組んでいこうという意味です。

何かができない理由を探す（Why not）のではなく、常に想像力を働かせて、どうしたら実現できるのか（How yes）を考える。社員にはそういうマインドで仕事に取り組んでもらいたいと思っています。

具体的には2025年までに、「Luxury at Scale」といってラグジュアリーとスケール（規模）を両立させるという方針をとっています。ラグジュアリーというのは高価なものという意味ではなく、商品のクオリティ、デザイン、店舗での体験を含めて、お客様に贅沢な喜びを提供するということです。それでいて価格はお求めやすいので、スケールも同時に追求できる。これこそがスワロフスキーの強みです。

年2回の新商品の発表時には、お客様のイメージを超える商品を提供し、店舗では接客を通してラグジュアリーな体験をしていただく場をつくろうとしています。

日本は市場規模が大きく、成熟したマーケットです。日本のお客様はいろいろなブランドをご存じで目が肥えているので、日本で認められれば全世界に通用するという指標にもなります。その日本で、スワロフスキーはさらに成長できると確信しています。

私自身にとっても日本というマーケットは魅力的です。ビジネスをやっていて、常に新しいインスピレーションをもらっています。

5　苦境の中にこそ秘策がある

経営する身としてすごく苦しかったのは、2020年からの新型コロナウイルスの流行です。私が入社した2018年から2019年はビジネスが著しく伸び、描いていた3カ年計画が達成できる、このチームでやっていけると確信していました。ところが、コロナで店の閉鎖や短縮営業を余儀なくされたのです。重要なお客様だった訪日外国人の数も激減し、つらい時でした。

何をしても結果がついてこない状況の中、私が重視していたのは、社員や販売スタッフに対して気休めの安易な言葉をかけるのではなく、日本のマーケットと会社の状況を率直に伝えて共有し、私たちに何ができるかを考える方向にマインドシフトすることでした。

そして経営方針を見直しました。インバウンド需要が期待できない中で、どのようにして日本のお客様にお買い物を楽しんでいただけるかを、今一度考え直しました。

オンライン接客のツールを導入するなど、コロナ禍でもできることを模索しました。人との関わり方を徹底的に大事にするという、日本独自の顧客づくりの施策を打ち出したのです。

コロナで外出ができない時期にデジタル化を進め、導入したオンライン接客ツールは完全予約制で、銀座店の販売スタッフがオンラインで接客するものです。iPadを持ったスタッフが店内を回り、ご自宅にいながらまるで実際に店に来ているかのように、商品をご覧いただくことができます。

その場で購入に至らなくても、実際に見てみたいと後から来店される方もいて、その時に販売スタッフと会話が始まることもあり、非常によいサービスだと思っています。

このような施策で日本のお客様の売上は急増しました。コロナ禍でも耐えうる基盤を築くことに成功したのです。今後も日本のお客様を基本とした上で、回復してきたインバウンド需要を効果的に取り込んでいこうと考えています。

苦境にあっても、その時にできることを社員と考えてやっていけば、チャンスを見つけることができます。非常に難しい時期でしたが、いい経験だったととらえています。

6　現場の声に直接耳を傾ける

週の前半は東京のオフィスにいることが多いのですが、週の後半は全国の店舗になるべく足を運び、情報やインスピレーションをもらって戻ってくるようにしています。店長だけではなく、販売スタッフにも直接話を聞きます。

年2回は全国の店長を集めた店長会を実施し、会社の方針と戦略、フォーカスポイントを伝えつつ、それに対してフィードバックをもらう場を設けています。

というのも、現場の声によって気づくことが日々あるんです。例えば、新しい施策の効果を見るとき、オフィスサイドは数字で分析しますが、その数字の背景にある事実を知るには、やはり店のスタッフに話を聞くことが必要です。

中には、売上が突出している店もあります。成功事例を聞き出し、積極的に他の店舗とも共有するようにしています。

　PRに起用するセレブリティについても、現場からの情報は大事です。起用した効果が店によって違う場合は、それがなぜなのか、話を聞きに行きます。

「自分の好きなアーティストが身につけているものと同じものがほしい」と言って来店されるお客様もいます。ある店から、BE:FIRST[★2]のメンバーがプライベートでスワロフスキーのジュエリーを愛用してくださっていると聞き、それをきっかけに2022年にBE:FIRSTとのコラボレーションが実現しました。やはりPRはスワロフスキーのことを本当に好きでいてくださる方にお願いしたいと思っています。

　最近は男性のお客様も増えています。ギフトだけではなく、自分用にイヤリングなどのジュエリーを購入される光景を目にするようになりました。商品は数年前から女性用、男性用という枠をなくして、ジェンダーレスになっていますし、お店も性別にとらわれずに入っていただける空間をデザインしています。

★2　日本の男性7人組のダンス&ボーカルグループ。

7　ボトムアップで新しい発想が生まれる

6年前にスワロフスキー・ジャパンの代表取締役になってから、私の中で大きく変わったことがあります。私自身の成果より、社員みんなで成し遂げることを重視するようになったのです。私が営業の一担当者だった時代は、いかに売上を伸ばして自分の成果を上げるかばかり考えていました。

しかし、経営となりますと、私一人ではダメで、社員全員がやりがいを感じて、一緒に成長していけるような環境が必要です。その環境づくりにも注力するようになりました。

子どもの頃からずっとサッカーを続けており、今も東京都シニアサッカー連盟のチームでプレイしています。会社はサッカーチームと同じで、プレイヤーにはそれぞれの役割があり、各ポジションで成長することによって、チーム全体が強くなるのです。

社長は監督と思われるかもしれませんが、私は試合にも出場するコーチ兼選手という距離感で、みんなと一緒に仕事をしたいと考えています。トップダウンで組織を動かす経営者になりたいとは思いません。ボトムアップのカルチャーをつくりたいのです。

ですから、ミーティングでもオブザーバーとかファシリテーターの立場で参加することが多いですね。それぞれ専門の異なる人たちが一つのアイデアに対して意見を言っていくと、アイデアが肉付けされて大きくなっていきます。ボトムアップのカルチャーでは、私が思いつかないような新しい発想が生まれることがあるんですよ。

社員には、物事を自分のこととしてとらえ、自分はどうしたいのかを考えて行動してほしいと伝えています。トップダウンではなくボトムアップでアイデアを出し、オープンに話し合いながら一緒に新しいものをつくっていく。そんな環境を目指しています。

鈴木正規の経営哲学7箇条

1　ノーボイス、ノーオピニオン
2　消費者の目線を忘れない
3　戦略を社員一人一人に浸透させる
4　自信たっぷりな態度で積極的に動く
5　苦境の中にこそ秘策がある
6　現場の声に直接耳を傾ける
7　ボトムアップで新しい発想が生まれる

多数決からヒット商品は生まれない

株式会社キングジム代表取締役社長／CEO
宮本彰

宮本彰　Akira Miyamoto
キングジム代表取締役社長兼CEO。創業家に生まれ、1992年に4代目社長に就任。開発力を強みに「テプラ」「ポメラ」などのヒット商品を生み出す。M&Aを進め、コロナ禍では家具、キッチン家電、衛生用品などが伸びて過去最高益を記録。

1954年　東京都に生まれる
1977年　慶應義塾大学法学部卒業、キングジム入社
1986年　専務に就任
1988年　開発チームのリーダーを務めた「テプラ」発売
1992年　38歳で4代目の代表取締役社長に就任
2008年　デジタルメモ「ポメラ」発売
2015年　藍綬褒章を受章
2022年　東京証券取引所プライム市場に移行

1　多数決からヒット商品は生まれない

昭和初期に創業した祖父の代から続くキングジムは、ファイルメーカーとして実績を上げ、デジタル文具、生活用品などに商品の幅を広げています。

ヒット商品の一つが2008年に発売したデジタルメモ[★1]「ポメラ」です。文章を書くことに機能を絞ったモバイルツールで、2023年には発売15周年を記念した特別モデルを販売しました。しかし、当初は商品開発会議でボツになる寸前の商品でした。

アイデアの商品化を最終決定する商品開発会議には、社長の私と役員全員が出席します。「ポメラ」は文字が打てるだけでネットにはつながりません。それで価格は3万円近くしますから、出席者の大半は売れるわけがないと思っていました。ところが、たった一人、社外取締役の大学教授が「これは素晴らしい商品だ」と発言したのです。

★1　キングジムが製造販売しているデジタルメモである。製品名は「ポケット・メモ・ライター」の頭文字である。会議中の議事録入力や移動中のメモ作成などを想定し、文字の入力と保存に特化している。

「小さくて軽く、持ち運びに便利なので、論文や本の執筆のために、海外出張に重たいパソコンを持っていく必要がなくなる。ネットにつながらなくてもスマホを持っていれば困らない。これぞ待っていたものだ」と高く評価しました。

教授のような方が一定数いたら売れるのかもしれないと思い、半信半疑で商品化したところ、予想以上の売れ行きになりました。

この経験ではいろいろなことに気づかされました。誰もがほしがるヒット商品はそう簡単には作れるものではありません。我々のような中規模メーカーは、すべての人に刺さる必要はなく、一握りの人が買ってくれれば十分なのです。

例えば、会議で10人のうち9人が反対した商品は、普通はボツになりますが、賛成の1人の意見を生かしたらどうでしょう。日本の人口1億2千万人の10分の1の1200万台が売れれば大ヒットになります。

あの時多数決で決めていたら、「ポメラ」はボツになっていました。多数決は少数派も納得できる便利な方法ではありますが、そこからヒット商品は生まれません。無難な商品ばかりがどんどん承認されて、そういうものは、まず売れないんですね。

だから、商品開発は多数決で決めてはいけないんです。一部の人の心に刺さる商品を作ることが大切です。「ポメラ」は熱心な愛用者の多い商品です。喜んでいただけているのがうれしいですね。人数は少なくてもいいから、絶対的支持者を持つことが大事だと思います。

2　世の中にない商品には競合他社がいない

開発では直感が大切だと思っています。自分の直感に自信があるのではなく、わからないからやってみるしかないんですよ。先ほどの「ポメラ」もそうですが、世の中にないものは市場もないわけですから、マーケティング調査は難しいんです。かえって間違えることがある。ですから、とにかくやってみて、ダメだったら撤退する。この早期撤退がすごく大事です。撤退しないと損失がどんどん増えてしまいます。

損失を最小限に抑え、次の開発、次の開発と進んでいく。マーケティング調査にお金と時間をかけるより、やってみて失敗したほうが勉強になります。少なくとも市場調査からいい商品が生まれた記憶はありません。開発者が自分のほしいものを商品化するパターンがいちばんいいような気がします。

私は30年ほど前から「ファーストペンギン」[★2]という言葉を使っていますが、最近はずいぶん広く知られるようになりました。氷の上にいるペンギンの群れから一羽が海に飛び込むと、みんながいっせいに飛び込んで魚を獲ります。海の中には危険なシャチがいるかもしれないので、最初に飛び込んだペンギンは勇者とみなされるし、先行者利益でおいしい魚が食べられます。

当社は開発型企業ですから、たとえリスクが大きくても「ファーストペンギンであれ」と社員に言っています。世の中に全くない商品を最初に作るのは大変ですが、市場がないから競合他社もいないわけで、十分な利益を得ることができます。成功すると当然、他社が参入してきます

★2　ベンチャー精神を持って行動する個人や企業を、尊敬を込めて呼ぶ言葉。最近では、ドラマなどで取り上げられた影響もあり、広く知られるようになった。

が、それまでの間は独占状態で、非常においしいビジネスができるのです。累計1200万台のヒットになった、ラベルライターの「テプラ」[★3]は、まさにそういう商品でした。

市場がまだ存在しないから、失敗する確率が高いのは織り込み済みです。むしろ売れないのは当たり前。売れないことに対する不安はありません。

3 新商品は10個中1個当たれば成功

新商品の開発において、当社では「これは売れるかもしれない」くらいの製品でもGOサインを出しています。もちろん、商品化して売れなかったものはたくさんありますが、10個に1個当たればいいと考えています。外れることは当たり前だから、外すことが全然怖くないんですよ。

これは業種にもよると思いますが、多額の投資が必要なビジネスで失敗ばかりしていたらまずいけれど、当社のように大きな投資がいらない

★3 キングジムが1988年に販売開始したラベルプリンター。テプラの語源は「テープライター」の略であり、Timely（いつでも）、Easy（簡単に）、Portable（その場で）、Rapid（すぐに）、Affix（貼り付けられる）という意味もある。

商品群の場合は、10個のうち1個当たれば、9個分の損を取り戻してお釣りが来ます。

それに売れないということは単なる損失ではありません。売れたものに理由があるように、売れなかったものにも理由があります。我々は売れないことに慣れているので、別に嫌がらずに、その理由を研究できるんですよ。次はこうしたらいい、ああしたらいいと、いろいろなアイデアが出てきて、多くのことを学べます。逆に失敗がないといい商品は作れません。失敗は無駄ではなく、成功に近づきつつあるという前向きな気持ちを持つことが大切です。

失敗に終わった商品の発案者を責めないことも大事です。最終的な商品開発会議では役員全員が認めているわけですから、失敗しても発案者の責任ではありません。あえて言えば最後にハンコを押している社長の責任です。

一方で、ヒット商品の発案者をほめて、ヒーロー、ヒロインを作るのも大切なことです。当社では毎年1回、社長賞の表彰をしています。製造でコストダウンをした人、営業で大口注文を取った人など、各部門で活躍した人を表彰しますが、うちは開発型企業ですから開発部門の受賞者がいちばん多いのです。個人に数十万円から多いときは100万円を渡します。何億も売れるような商品を作ってくれれば100万円なんて安いもの。40人近くいる開発担当者が日々、切磋琢磨しています。

4　その分野のプロの判断を尊重する

私は東京・神田の生まれです。「てやんでい、べらぼうめ」[★4]という江戸っ子の世界で育ちました。祖父はノートや手帳の製造販売をしていて、おじいちゃん子だった私は、「歳末大売り出し」を手伝うのを楽しみにしていました。少々難ありとか、半端ものの商品を安く売るのです。小学1、2年生の私が呼び込みをやっていると、かわいいねと人が集まってきて、よく売れました。売れるとお小遣いがもらえます。祖父は私に商売の楽しさを教えてくれていたんですね。

★4　「何を言ってやがるんだ、バカヤロウ」の意味。

暁星小学校から暁星中学・高校に進み、慶應義塾大学法学部に入学しました。釣りのクラブと野鳥の会に入って、珍しい鳥を求めて日本全国を旅行しました。卒業後は父が社長をしていたキングジムに入社しました。子どもの頃からうまく誘導されていたのか、親の会社を継ぐことに何の抵抗もありませんでした。

新人ですから、千葉県の松戸工場資材部で段ボールの仕入れや発注から始めて、部品を担当するようになり、ファイルのとじ具の製造にも関わりました。とじ具はいちばん難しい部品で、私たちは心臓部と呼んでいます。

その後、営業、海外販売、経理、財務を経て、経営企画室で会社全体の経営を見るようになり、1992年に社長に就任しました。

非常に苦労したのは「テプラ」の特許問題です。当社は「テプラ」を開発したとはいえ、元はファイルメーカーですから製造設備がないんですね。他社に製造を委託して共同開発という形をとっていました。その会社に製造技術の特許を取ってもらい、我々は商標、意匠など販売上の権利を取ったんです。

ところが、発売から十年ほどたつと競合他社が現れ、我々は競争力を保つために、よりいい製品を製造できる会社に委託先を変えざるを得ませんでした。すると、前の製造委託先から高額の特許料を請求されました。結局、支払うことになり、当社は創業以来、初の赤字を経験しました。社長である私の責任ですからつらかったですね。特許に対する甘さが原因でした。一緒に開発したのであれば、共同名義にしておくべきだったのです。

さらにつらかったのが国内工場の閉鎖です。ファイルはすべて国内生産していましたが、1990年頃になると中国から安い製品がどんどん入ってきて、日本の人件費を払っていては太刀打ちできない時代になりました。

そこで海外に工場を新設し、日本の協力工場から商品を引き上げ、岡山、つくば、松戸の3工場を次々に閉鎖しました。従業員の再就職支援はするものの、転居が難しいなどの理由により、大半の方は仕事を失います。工場に出向き、みなさんの前で説明すると、あちこちから罵声が飛んできました。仲良く飲みに行った人たちからも厳しく責められ、ひたすら頭を下げるしかありませんでした。

こうした経験をしてきて感じるのは、社長という立場は逃げ場がないということです。役員だった時は、難しい案件は社長に判断を仰げばよかったのですが、今は私が最終決断をしますし、重要な案件ほど、みんなが私の意見を聞いてきます。でも、そのような難しいことは社長にもわからないんですよ。だから、自分が下手に決断するより、それぞれの部門のトップの意見をしっかり聞こうと思うようになりました。

営業のトップが「社長、どうしましょう」と言ってきたら、「あなたはどう思うのか」と聞くわけです。社長はいろいろなことを幅広くやっていますから、一つのことを専門にやっている人に比べて知識も経験も浅いんです。その分野を深く知っているプロフェッショナルのほうが正しい判断ができるんですよ。だから、最近の私はイエスマンです。そのほうがうまくいくような気がしてきました。

社長になったばかりの頃はその反対で、社内外で強引に改革を進めようとして反発をくらったり、融通が利かなかったりして、いろいろな失敗をたくさんしてきました。それで気がついたんです。

私は70歳で社長から退こうと考えています。今後は私が育ててきた世代が担います。どういう方向に進むべきかを真剣に考えている優秀な人たちですから、10年後は必ず今以上にいい会社になっていると思います。

5　M&Aで事業の幅を広げておく

コロナ禍では思わぬ追い風が吹き、2021年6月の決算は過去最高益を記録しました。まず、手を差し出すとアルコールが出る「テッテ」[★5]という商品が非常によく売れました。インフルエンザの予防のために開発した商品ですが、売れないので製造中止を検討していたところ、コロナで突然、飛ぶように売れ始めたのです。アルコールに対応できる部品やセンサーの精度など、実は製造が難しいので、すぐには他社が参入し

★5　手をかざすだけでアルコール消毒液が噴射される自動手指消毒器。直接機械に手を触れずに消毒ができるため、衛生的に使用できる。

てきませんでした。

「テプラ」も特需となりました。「テプラ」は世の中が変化する時にニーズが生まれる商品なのです。コロナの感染予防でお店の営業時間が変更になったので、その表示に使われたり、東京五輪の時の外国語表示に利用されたりしました。

最も貢献したのは二つのグループ会社です。一つは、主に中国から輸入した家具をオンライン販売する、ぼん家具です。ユーザーが組み立てる、低価格の収納家具などが巣ごもり需要で大きく伸びました。もう一つのラドンナという会社では、トースター、コーヒーメーカーなどのキッチン家電が大当たりしました。こちらも巣ごもり需要で、外食が減り、家で料理する人が増えたためです。

いずれも先見の明があったわけではなく、時代の巡り合わせなのですが、M&Aで商品の幅を広げておいてよかったと思いました。

私は積極的にグループ会社をつくってきました。社長に就任した90年代前半はファイルが主力商品でしたが、その後、コンピュータが普及してペーパーレス化が進むにつれて需要は減り、現在のファイルの売上はピーク時の4割まで減少しています。おまけにコロナでテレワークが増え、ファイル市場の縮小は加速しています。これは世の中の動きなので仕方がありません。

ファイルの落ち込みをカバーするために、電子文具をはじめ、さまざまなものを開発していますが、開発のスピードが追いつかないんですよ。M&Aは「時間を買う」とよく言われますが、文具に近い生活雑貨や家庭用品の会社をグループ会社化していきました。我々が得意とするオフィス向けの商品だけではなく、家庭で使うものに広げていきたかったので、ぼん家具やラドンナに注目しました。それがコロナ禍を乗り切る力になったのです。

6　最先端のものには常に手を出す努力をする

社員とのコミュニケーションを大事にしていますが、社員が50人を超

えると、一人一人の名前やバックグラウンドがわからなくなってきます。学校のクラスの人数も、多くて50人までですよね。先生が把握できる限界だからだと思います。

社員は大事な仲間なのに、顔と名前が一致しないのは悲しいので、時々お茶会を開いてコミュニケーションをとっています。社長と話したくない人もいるでしょうから、希望者を募る方式にしました。社員3人と私がお菓子を食べながら話します。コロナがあってからはオンラインで開催しているので、地方や海外勤務の社員も参加できるようになりました。

基本的に仕事の話はしません。趣味の話が多いですね。楽器の演奏やダンスを見せてくれる人もいます。私がいつも接している部長クラスの人たちと違って若い人が多いので、世代を超えて少しでも理解し合えるようになったらいいなと思っています。

私ぐらいの年齢になると、時代に取り残されるのが怖いんですよ。Twitter（現X）は初期の頃からやっているし、「ポケモンGO」もやりました。今はChatGPTを使ってみています。最先端と言われているものには常に手を出すように努力しています。

7 大企業が参入してこない隙間が心地よい

「ポメラ」は電源ボタンを押すと2秒で文字を打ち始めることができます。一般的なパソコンはウイルスチェックを待つ時間があるので、こうはいきません。作業が終わったら、電源ボタンで消すだけで終了し、保存もしてくれます。ネットにつなぐ機能を省くことで利便性が上がったのです。

当社は電子機器メーカーではないので先端技術の開発はできません。先端技術で大企業と対抗しようなんてことは微塵も考えてはいけないんです。「ポメラ」は文字を打つことに特化した隙間産業なんですよ。売れているといっても年間数億円ですから、大企業は入ってきません。そういう商売は実はおいしいのです。競合がいませんからね。

隙間が大きくなりすぎると大手が参入してくるし、ヒビみたいに小さいと事業になりません。ほどよく心地のいい隙間の代表例が「ポメラ」です。年間数億円でも、そういう商品が100個あったら何百億円になります。それが我々のやり方です。

社長に就任して30年以上がたちました。上場企業ですから、株主、社員、取引先を幸せにするには、常に業績を右肩上がりにしなくてはなりません。私はそれと同時に、環境問題の解決策になるような商品を作って社会貢献したいと考えるようになりました。ちょっと大きすぎる夢かもしれませんが、その理想にも向かっていきたいと思っています。

宮本彰の経営哲学7箇条

1 多数決からヒット商品は生まれない
2 世の中にない商品には競合他社がいない
3 新商品は10個中1個当たれば成功
4 その分野のプロの判断を尊重する
5 M&Aで事業の幅を広げておく
6 最先端のものには常に手を出す努力をする
7 大企業が参入してこない隙間が心地よい

人生の幸福曲線

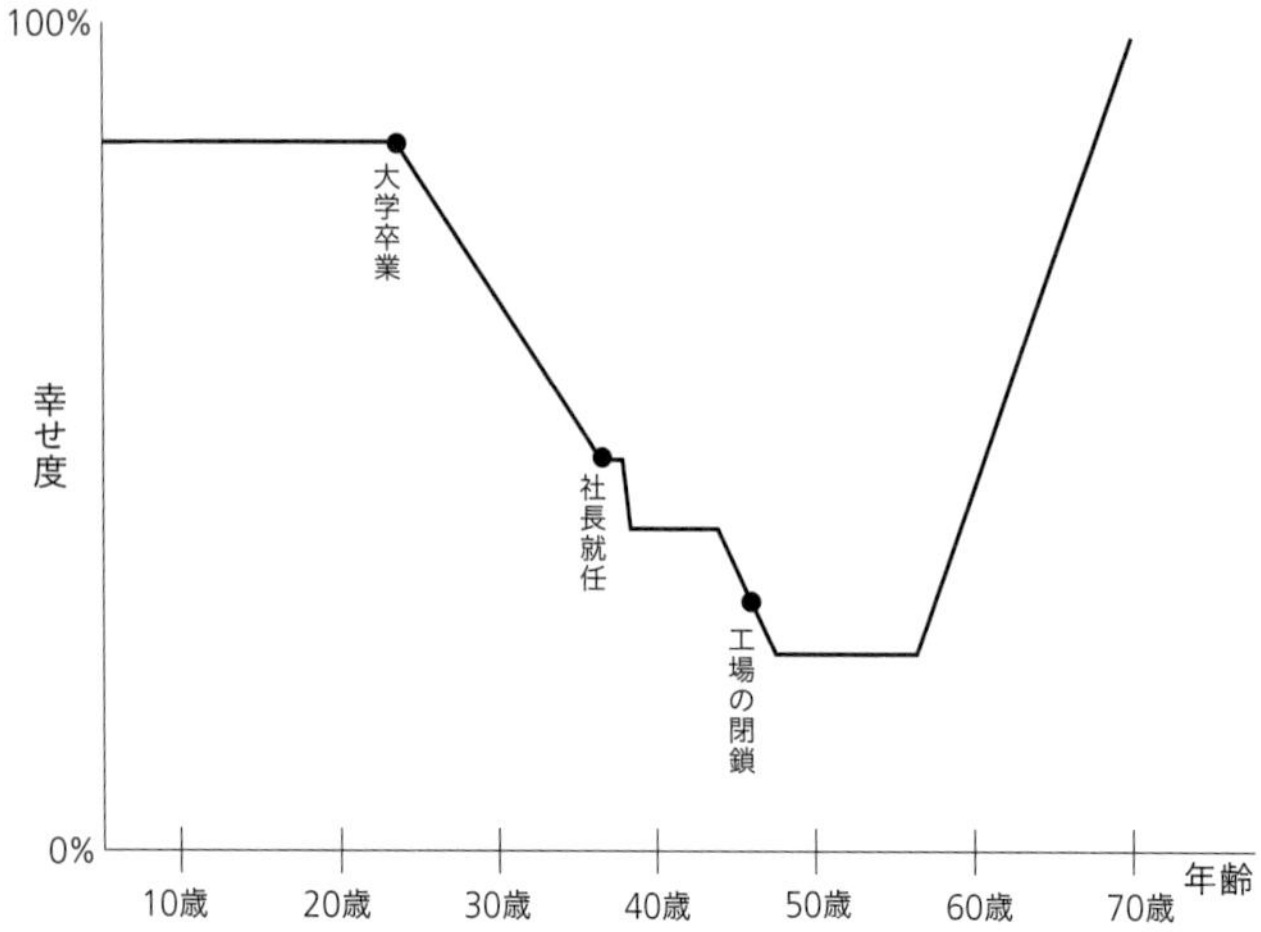

人生の収入曲線

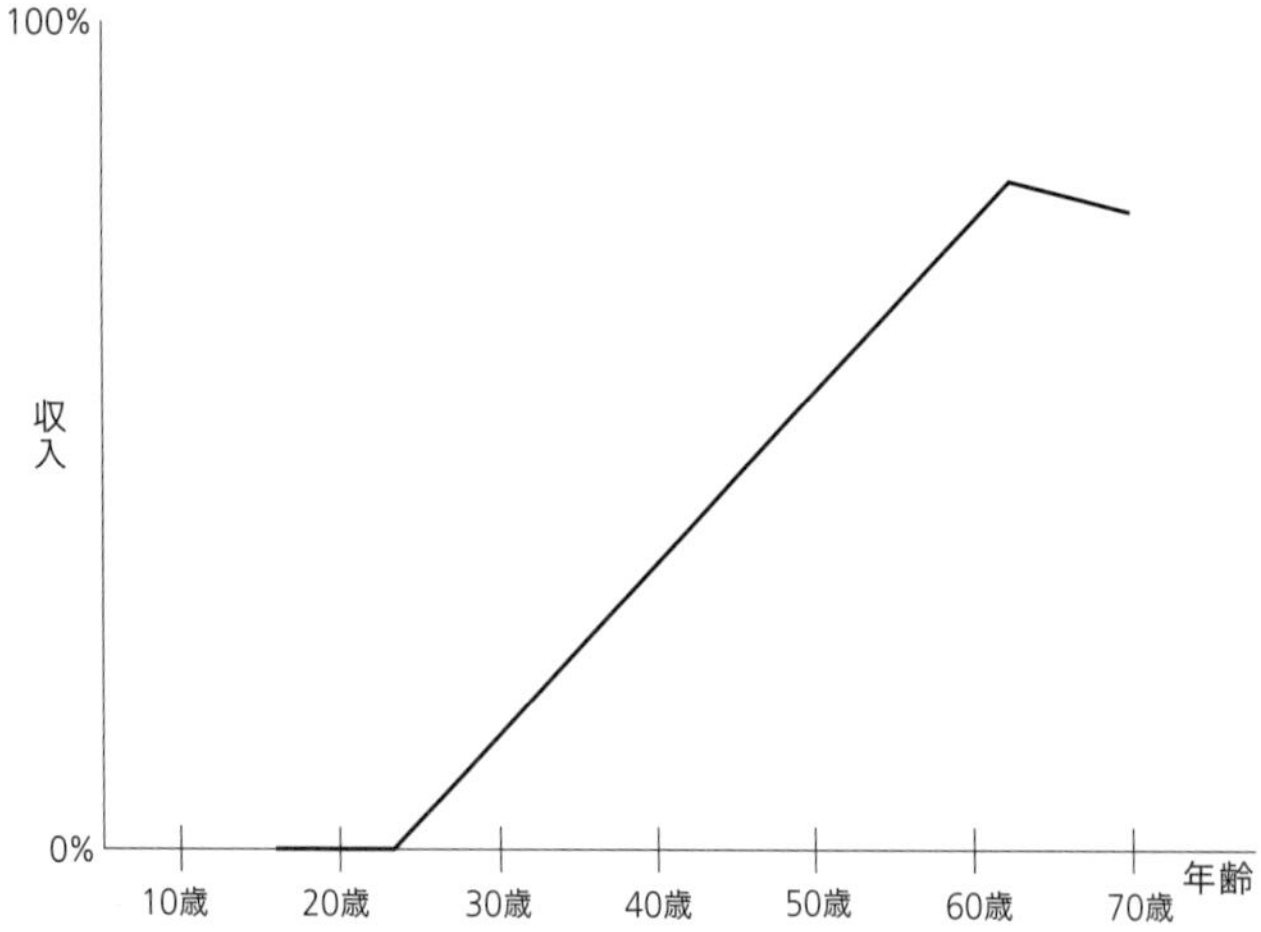

森山葉月（もりやま・はづき）

ライター。メーカー勤務、雑誌編集などを経てフリーランスに。週刊誌、ビジネス誌、WEBメディアなどで取材・執筆。

Seven Codes
経営者が貫く成功の原則

2024年5月20日　第一刷発行

取材・文 ―― 森山葉月
監修 ―― Blue株式会社
発行者 ―― 小柳学
発行所 ―― 株式会社左右社
151-0051
東京都渋谷区千駄ヶ谷3-55-12
ヴィラパルテノンB1
TEL 03-5786-6030
FAX 03-5786-6032
写真 ―― NAITO
装幀 ―― 松田行正＋倉橋弘
印刷 ―― 創栄図書印刷株式会社

ISBN 978-4-86528-411-9